RELIGIONEN
VERSTEHEN

TAOISMUS

RELIGIONEN
VERSTEHEN

TAOISMUS

Jennifer Oldstone-Moore

FLEURUS
IDEE

Fleurus Idee
is an imprint of
Fleurus Verlag GmbH

Übersetzung aus dem Englischen: Frank Böhling, Berlin
Redaktion und Satz der deutschen Ausgabe: Michael Konze,
Rolf Michael Weiss, Köln
Lektorat: Petra Sparrer, Fleurus Verlag

ISBN 3-89717-349-2

Printed in Singapore

Folgende Abkürzungen werden in diesem Buch verwendet:
v. u. Z.: vor unserer Zeitrechnung (entspricht v. Chr.)
n. u. Z.: nach unserer Zeitrechnung (entspricht n. Chr.)

In diesem Buch folgt die Umschrift chinesischer Schriftzeichen Wade-Giles, mit Ausnahme einiger Ortsnamen. Eine Liste mit den wichtigsten Pinyin-Begriffen befindet sich auf Seite 106.

Abbildung Seite 2: Ein Gläubiger in einem taoistischen Tempel in Taipei. Die meist informellen und individuell geprägten religiösen Praktiken in solchen Tempeln beruhen überwiegend auf lokalen Traditionen und nicht auf einem allgemeingültigen Regelwerk.

INHALT

EINLEITUNG

Im Zentrum des Taoismus steht das Tao (wörtlich „Weg“ oder „Pfad“), eine namen- und gestaltlose, alles durchdringende Kraft, die in einem ewigen Kreislauf sämtliche Dinge ins Sein und dann wieder ins Nicht-Sein zurückführt. Der Tradition des Tao zu folgen, bedeutet, nichts zu tun, was der Natur widerspricht, und seinen jeweiligen Platz in der natürlichen Ordnung der Dinge zu finden. Wer die Geheimnisse des Tao versteht, vermag die geistigen Mächte zu kontrollieren, die dem Tao unterstehen oder dessen Emanationen darstellen. Im Tao begegnet man also einem Konzept, das dem Wechsel der Jahreszeiten, dem Kreislauf des Lebens, der Abfolge von Werden und Vergehen ebenso wie dem Einzelnen in der Welt einen Sinn verleiht.

Die Entwicklung der chinesischen Zivilisation wurde maßgeblich vom Taoismus geprägt und seine Vorstellungen durchdringen nahezu alle Bereiche der Kultur. Manche für die Menschheit insgesamt wichtige Erkenntnisse und Erfindungen gehen auf taoistische Ansätze zurück. So führte etwa die Suche nach dem „Elixier der Unsterblichkeit“ nicht nur zur Erfindung des Schießpulvers, sondern auch zu bemerkenswerten Fortschritten in der chinesischen Medizin. Im Zuge der Anstrengungen, das menschliche Leben nach dem taoistischen Weltverständnis mit kosmischer Energie in Einklang zu bringen, entwickelte man den

Magnetkompass – der seinerseits zuerst in der chinesischen Geomantik, *feng-shui* genannt, Verwendung fand.

Trotz des Einflusses auf die chinesische Zivilisation lässt sich angesichts der vielen unterschiedlichen Formen, in denen der Taoismus auftritt, nicht einfach definieren, was als Taoismus gelten kann. Die Komplexität der historischen Überlieferung ist nicht zuletzt der Tatsache zu verdanken, dass Taoisten immer offen waren für neue Ideen. Die taoistischen Schulen waren nie einer zentralen Autorität unterworfen, ebenso wenig entwickelten sie ein geschlossenen Lehrsystem. Indessen weisen die verschiedenen Erscheinungsformen des Taoismus vor allem in der Suche nach Langlebigkeit eine organische Einheit auf.

Der taoistische Beitrag zu Praxis und Glaubensinhalt der chinesischen Religion ist offensichtlich und hintergründig zugleich. Sofort ersichtlich ist er in einigen der wichtigsten Riten, wie sie bei-

Die im frühen 18. Jh. entstandene Figurine zeigt von Pilgern verehrte taoistische Gottheiten.

spielsweise im Zusammenhang mit Heilung und Bestattung existieren oder mit der Erlangung von Unsterblichkeit. Auf den meisten anderen Gebieten religiöser Praxis ist er dagegen weniger deutlich. Die chinesische Religion erweist sich als Mischung aus den drei Lehren Konfuzianismus, Taoismus und Buddhismus einerseits und volkstümlicher Überlieferung andererseits. Jede der drei Lehren überliefert ihrerseits Verfahren zur Selbstbildung. Im Konfuzianismus geht es in erster Linie um Fragen der Herrschaft und des sozialen Verhaltens. Der Buddhismus hingegen bietet nicht nur eine ausgearbeitete Kosmologie und eine detaillierte Theorie über das Leben nach dem Tod, er verfügt auch über eine organisierte geistliche Schicht. Der Taoismus wiederum genügt der Sehnsucht nach geistiger und körperlicher Gesundheit, ermöglicht den Umgang mit Geistern und verheißt Segen und Schutz. Die volkstümliche Überlieferung zeigt sich u.a. in von Ort zu Ort variierenden Riten, wie sie etwa mit der Verehrung lokal bedeutender Gottheiten einhergehen, ohne indessen einer der drei Lehren zugeordnet werden zu können. Der Taoismus weist zwar die meisten Berührungspunkte mit dem Volksglauben auf, ist aber dennoch deutlich von dessen Überlieferungen zu unterscheiden.

Nur verhältnismäßig wenige Menschen bezeichnen sich selbst als „reine" Taoisten oder Konfuzianer. Zudem spricht einiges dafür, dass viele der konfuzianischen Gelehrten in der Vergangenheit zugleich taoistische Praktiken pflegten. Und auch heute erscheint es vielen Chinesen ratsamer, sich nicht nur für eine einzige religiöse Richtung zu entscheiden, sondern Elemente aller Lehren aufzugreifen. In den religiösen Feiertagen spiegelt sich dieser Synkretismus, können doch nur wenige einer Tradition allein zugeordnet werden. Die Mehrzahl prägen unterschiedlichste Einflüsse. Taoistisches Denken und Handeln kommt u.a. in der Suche nach dem Geheimnis der Langlebigkeit und in der Sensibilität gegenüber jahreszeitlich bedingten Veränderungen der Natur zum Ausdruck.

Historisch gesehen, begegneten Konfuzianismus und Taoismus einander immer als des anderen Widerpart. Dem weltlichen Konfuzianer steht der taoistische Einsiedler gegenüber, der konfuzianischen Etikette der taoistische Bruch mit Konventionen. Ähnliche Unterscheidungen gibt es auch im Hinblick auf den Einzelnen. Wer etwa im Zuge seiner beruflichen Karriere konfuzianische Werte umzusetzen versuchte, genügte im Ruhestand seinen taoistischen Einsichten. Man setzt mithin auf Verhaltensweisen, die in bestimmten Situationen für angemessen gehalten werden.

Obwohl der Taoismus ein wesentliches Element ostasiatischer Kultur darstellt, blieb die Auseinandersetzung mit ihm bis vor kurzem im Wesentlichen nur auf einige wenige philosophische Texte beschränkt. Dies liegt u. a. auch an den überaus komplizierten Schriften, deren Entschlüsselung sich als extrem schwierig erweist. In der Regel wurde der entsprechende Kanon von der konfuzianischen Elite ignoriert, die mit dem taoistischen Klerus aus politischen Gründen zuweilen haderte. Erschwerend kommt hinzu, dass bis in das 20. Jh. hinein kaum Abschriften zur Verfügung standen. Soweit sich westliche Wissenschaftler ernsthaft mit dem Taoismus auseinander setzten, nahm diese Entwicklung, gemessen am Umgang mit Buddhismus und Konfuzianismus, erst spät ihren Anfang. Bei den ersten westlichen Forschern, die sich mit der chinesischen Religion beschäftigten, handelte es sich oft um Missionare, die vom Taoismus wegen dessen magischer und exorzistischer Aspekte abgestoßen wurden. Was Klerus und Volk unter diesem Namen praktizierten, erschien ihnen als abergläubische Variante einer vormals sublimen philosophischen Tradition. Erst seit Beginn der zweiten Hälfte des 20. Jh. nahm man die komplexe religiöse Tradition des Taoismus unbefangener wahr. Die im Rahmen archäologischer Ausgrabungen erst jüngst entdeckten Funde in den Gräbern Ma-wang-tui (Mawangdui) und Kuo-tien (Guidian) spielten dabei eine bedeutsame Rolle.

Taoistisches Gedankengut war in der chinesischen Gesellschaft immer von Bedeutung. Auch Korea, Japan und

Vietnam verzeichneten entsprechende Einflüsse, insbesondere in den ersten nachchristlichen Jahrhunderten. Dennoch wurde der Taoismus in diesen Ländern immer nur als ein beiläufiges Moment begriffen. Denn im Zuge der Verschmelzung mit lokal verbreiteten religiösen Praktiken wie Naturverehrung, Geomantik, Prophetie und Schamanismus, fiel seine Eigenart kaum noch ins Auge. Im Laufe der Jahrhunderte wurden Strömungen mit taoistischem Einfluss immer vielfältiger: *t'ai-chi ch'üan, ch'i-kung*, Akupunktur und traditionelle chinesische Medizin erfreuen sich in Ostasien und anderswo immer noch großer Beliebtheit.

In Taiwan gibt es eine einflussreiche taoistische Priesterschaft, auch auf dem chinesischen Festland haben sich in den vergangenen Jahrzehnten wieder taoistische Gemeinschaften zusammengefunden. Im Westen förderten zahlreiche Übersetzungen des *Tao Te Ching* die Bekanntheit des Taoismus und trugen zur Gründung einiger, wenngleich noch im Anfangsstadium befindlicher taoistischer Organisationen und religiöser Gemeinschaften bei. Es gibt im Übrigen Bestrebungen, eine vom Taoismus inspirierte Ökologie zu entwickeln. Ein Teil der Anziehungskraft, die der Taoismus auf Menschen aus dem Westen ausübt, beruht zweifellos auf seiner Naturmystik und seiner Vorstellung von einem Mensch und Natur gemeinsam umfassenden Universum.

KAPITEL EINS

URSPRÜNGE UND GESCHICHTE

Die Geschichte des Taoismus ist komplex und sie umfasst viele Jahrhunderte. Traditionell unterscheidet man den philosophischen Taoismus, der am Ende der „Zeit der Streitenden Reiche" (403–221 v. u. Z.) gemeinsam mit weiteren Denkrichtungen entstand, und den religiösen Taoismus. Dieser umfasst eine Vielzahl religiöser Bewegungen, Gemeinschaften, Schriften und Praktiken seit dem Ende der Han-Zeit (206 v. –220 n. u. Z.). Da sich der Taoismus auf vielerlei, teils scheinbar divergierende Ideen und Praktiken stützt, lässt er sich nicht leicht definieren. Immerhin ist festzustellen, dass es sowohl dem philosophischen als auch dem religiösen Taoismus darum geht, Konzepte für ein langes Leben anzubieten und Stille als Ausdruck einer bestimmten Lebensweise zu begreifen, wobei Tao als Quell aller Dinge verstanden wird.

LINKS: Auf diesem chinesischen Gemälde aus dem 17. Jh. betrachten drei taoistische Gottheiten, die langes Leben, Reichtum und Glück symbolisieren, ein Yin-Yang-Spruchband.

Literatur über den Taoismus nimmt gewöhnlich bei Laotzu (Laotse) (s. S. 20) und dessen Werk *Tao Te Ching* („Über den Weg und seine Kraft“) seinen Anfang. Üblicherweise wurde dieser Text auf das 6. Jh. v. u. Z. datiert, inzwischen geht man aber davon aus, dass er etwa 200 Jahre später entstand. Außer Frage steht indessen, dass die Lehren des *Tao Te Ching* im Kontext von Ideen entwickelt wurden, die sich lange vor dem 6. Jh. durchgesetzt hatten. Hierzu zählen Weissagungen, wie sie die Lektüre des *I Ching* („Buch der Wandlungen“) vermittelt; die Theorie der beiden komplementären Kräfte Yin und Yang; die sich wechselweise erzeugenden und zerstörenden Fünf Phasen (s. S. 64); und die Vorstellung von einer alles durchwaltenden Lebensenergie, des *ch'i.* Des Weiteren dokumentiert sich hier der Einfluss schamanistischer Weltsicht, die Geisterbeschwörungen, Trancezustände und mystische Erfahrungen umfasste.

Die vier klassischen Bücher des philosophischen Taoismus sind nach dem *Tao Te Ching* das *Chuang-tzu* (4. Jh. v. u. Z.), das *Huai-nan-tzu* (2. Jh. v. u. Z.) und das *Lieh-Tzu* (3./4. Jh. n. u. Z., s. S. 36). Alle betonen die Bedeutung mystischer Erfahrung, naturgerechten Handelns (*wu-wei*) und des Studiums der erhabenen, ständig wechselnden Erscheinungsweise des Kosmos, des Tao. Im *Tao Te Ching* und im *Lieh-tzu* befinden sich zudem Hinweise auf „vollkommene Wesen“, die zwischen den Sternen hin- und herfliegen, auf die Entwicklung „lebensspendender" Fähigkeiten, auf die Grenzen menschlichen Wissens sowie kosmologische Spekulationen. Obwohl jedes dieser Bücher für sich steht, verweist derlei Gemeinsamkeit auf die Umrisse einer entsprechenden Denkschule.

Zur Zeit der ersten Schule des religiösen Taoismus am Ende der Han-Zeit hatte sich die geistige Landschaft Chinas stark verändert. Schon seit dem 3. Jh. v. u. Z. hatte man Männer an den kaiserlichen Hof berufen, die dafür bekannt waren, Verfahren zur Erlangung der Unsterblichkeit zu beherrschen, um den so genannten *fang-shih* oder „Herren mit Rezepten" (s. S. 48) ihre Geheimnisse zu entlocken. Etwa zur Zeit von Christi Geburt hatte man Lao-tzu als T'ai-shang Lao-chün („Höchster Herr Lao") geehrt, was einer Vergöttlichung gleichkam. Mit dem Buddhismus waren die Vorstellungen von Sühne und Wiedergeburt, ein ausgearbeitetes Pantheon und eine hochgradig organisierte religiöse Tradition nach China gekommen. Das Chaos, das den Untergang der Han begleitete, beschwor millenaristische und messianische Erwartungen herauf. Manche dieser Gruppierungen beriefen sich auf Offenbarungen des Lao-tzu.

Die so genannten Gelben Turbane etwa predigten das baldige Kommen eines Goldenen Zeitalters und legten größten Wert auf therapeutische Verfahren zur Lebensverlängerung und spirituellen Reinigung. 184 n. u. Z. rebellierten die Gelben Turbane in Ostchina, riefen einen neuen Staat aus und erklärten den Anbruch einer neuen Ära. Der Aufstand wurde indessen niedergeschlagen. Im gleichen Jahr fand sich in Chinas Norden, in Szechwan, eine andere Gruppe zusammen, der Weg der Himmlischen Meister. Ihr Gründer Chang Tao-ling hatte sich selbst zum Himmlischen Meister erklärt, der an der Spitze einer komplizierten theokratischen Hierarchie stand. Zur Wiederherstellung der Gesundheit und zur Erlösung empfahl er u.a. gemeinschaftbezogene Tätigkeiten. Im Jahr 215 trat Chang Tao-lings Enkel seine Autorität an den Staat ab und stellte die Schule unter kaiserliche Schirmherrschaft.

Politischer Wirren wegen zogen die Himmlischen Meister zu Beginn des 4. Jh. nach Süden, wo man Langlebigkeit mit Mitteln der Medizin, der Alchemie und der Magie zu realisieren suchte. Aus der Begegnung der beiden unterschiedlichen Traditionen entstand schließlich eine neue taoistische Sekte, der Taoismus der „Höchsten Reinheit" (Shang-ch'ing). Da diese Gruppierung ihren Sitz auf dem Berg Mao hatte, ist sie auch als Mao-Shan-Schule bekannt; ihre Anhänger erfuhren zwischen 364 und 370 durch eine Gruppe geistiger Wesen aus dem Himmel der Höchsten Reinheit eine Reihe von Offenbarungen. Die Schule legte Wert auf innerliche Versenkung und Wesensschau. Das Innere des Leibes galt ihr als ein das Universum widerspiegelnder Mikrokosmos. Schriften wurden als heilig angesehen und waren den Blicken Uneingeweihter sorgfältig entzogen. Shang-ch'ing fand seine Anhänger vor allem unter den Eliten. Ling-pao („Göttlicher Edelstein"), eine andere im Süden beheimatete Schule orientierte sich ihrerseits an den Praktiken der Himmlischen Meister, Shang-ch'ings Offenbarungen, und an der durch den Mahayana-Buddhismus verbreiteten Vorstellung universaler Erlösung. Die Ling-pao-Schule brachte Liturgien und Riten in eine systematische Ordnung, die noch heute gültig ist.

Die Nähe zwischen dem Mahayana-Buddhismus und Ling-pao ist Teil einer umfassenderen Entwicklung in jener Zeit. Zwischen 265 und 589, der so genannten Zeit der Uneinigkeit, hatte der Buddhismus ungeheuere Popularität gewonnen. Buddhisten und Taoisten wetteiferten mit wechselndem Erfolg um die kaiserliche Gunst, was dazu führte, dass sich die Inhalte beider veränderten. Das berühmteste Beispiel ist die Vermischung buddhistischer und taoistischer Ideen im Zen-Buddhismus.

Zur Zeit der Tang-Dynastie (618–907) erfreute sich der Taoismus großen Zuspruchs. Die kaiserliche Familie trug den gleichen Zunamen wie Lao-tzu (Li) und zählte ihn zu ihren Ahnen. Sie unterstützte Klöster und Tempel, erklärte Lao-tzus Geburtstag zum Nationalfeiertag und verpflichtete jeden Haushalt zum Besitz des *Tao Te Ching*. Es wurde zum Pflichttext für die Prüfungen der Beamten, die zuvor nur mit konfuzianischen Werken bestritten worden waren. Auch die Sung-Dynastie (960–1279) leitete ihre Herkunft von einem bedeutenden taoistischen Gott ab. Im 12. Jh. wurde der Kanon taoistischer Schriften erstmals gedruckt.

Während der Herrschaft der Sung- und Yüang-Dynastien (1279–1368) wurden zahlreiche neue Schulen gegründet. Zwei sind bis auf den heutigen Tag aktiv: Ch'üan-chen (Völlige Vollkommenheit) und Cheng-i (Orthodoxe Einheit). Beider Haupttempel befinden sich in Peking. Wang Che, der Gründer von Ch'üan-chen, setzte sich für eine Mischung der drei Lehren (Konfuzianismus, Taoismus, Buddhismus) ein und forderte dazu auf, sich dem Studium der jeweiligen klassischen Werke zu widmen. Ch'üan-chen war die erste Schule, die ihre Mitglieder auf das Zölibat verpflichtete. Als Wang Ches Schüler Ch'iu Ch'ang-ch'un von Dschingis

Die kleine Bronzefigur zeigt Lao-tzu als alten Mann auf jenem Ochsen thronend, der ihn über die Westgrenze Chinas hinaus getragen haben soll.

Khan an dessen Hof gerufen wurde, um sein Geheimelixier zur Lebensverlängerung preiszugeben, empfahl er dem Herrscher, eine Nacht außerhalb des kaiserlichen Harems zu verbringen. Das werde für die nächsten 1000 Tage wohltätigere Wirkungen entfalten als die Einnahme von Elixieren. Ch'üan-chen betonte u. a. die hohe Bedeutung der Alchemie (s. S. 36, 49) im Hinblick auf die innere Reinigung. Anders als bei Ch'üan-chen war es Priestern des Cheng-i, einer Wiedergründung der Himmlischen Meister, erlaubt, zu heiraten und ihr Amt den Nachkommen zu vererben. Der 64. Himmlische Meister residiert heute in Taiwan.

Im 20. Jh. erfuhr der Taoismus viele Rückschläge. In der Volksrepublik herrscht zwar Religionsfreiheit, „Aberglaube" indessen gilt als auszurottendes Übel – und sofern man taoistische Riten von staatlicher Seite als abergläubisch bezeichnet, werden deren Anhänger verfolgt. Während der Kulturrevolution (1966–1976) zerstörte man taoistische Bücher und Tempel. Heute sind alle Taoisten in der Nationalen Taoistischen Vereinigung zusammengeschlossen und manches deutet auf ein neuerliches Anwachsen der Bewegung hin. Weniger problematisch stellt sich die Situation außerhalb Chinas dar, wo die Nachfrage nach taoistischen Priestern etwa im Zusammenhang mit Festen und Begräbnissen überaus groß ist.

Tao: Der Ursprung der Schöpfung

„Es gab etwas Formloses und Vollkommenes,
es entstand vor Himmel und Erde,
schweigend und leer.
Es ist sich selbst genug und unwandelbar,
erstreckt sich in alle Richtungen und ist unerschöpflich.
Es ist die Mutter der Schöpfung.
Seinen Namen kenne ich nicht und nenne es Tao.
Es fließt durch alle Dinge.
Schwindend entfernt es sich.
Sich entfernend kehrt es zurück.

Das Tao ist groß.
Der Himmel ist groß.
Die Erde ist groß.
Der König ist groß.
Das sind die vier großen Mächte.

Der Mensch folgt der Erde.
Die Erde folgt dem Himmel.
Der Himmel folgt dem Tao.
Das Tao folgt nur sich selbst."

Aus dem *Tao Te Ching*, von Lao-tzu, Kapitel 25, nach der Übersetzung von Jennifer Oldstone-Moore

Kommentar

Zum Verfasser des *Tao Te Ching*, dem Zeitpunkt der Niederschrift und der Bedeutung des Textes existieren zahlreiche Thesen. Außer Zweifel steht, dass die Gründungsschrift des Taoismus früher wie heute eine kräftig sprudelnde Quelle der Inspiration darstellt. Der Text handelt von Tao, dem „Weg“, und *te*, der „Kraft“ des Tao, wie es sich in der Schöpfung offenbart.

Im Taoismus gilt Tao als Ursprung der Schöpfung, als reine Kraft, die alles ohne erkennbare Anstrengung und ohne ersichtlichen Anlass ins Sein entlässt. Nach der Erfüllung kehrt es zum Ursprung zurück. Das *Tao Te Ching* rät zum Schweigen und zum Unterlassen jeder naturwidrigen Handlung. Wie Wasser grundsätzlich zum tiefstgelegenen Ort strebt und dennoch Felsen forttragen kann, so erhebt Tao auch jene, die in der gesellschaftlichen Rangordnung unten stehen und in bescheidenen Verhältnissen leben.

Die zitierte Textpassage nennt die wichtigsten Eigenschaften des Tao: undifferenziert, doch vollkommen, gestalt- und namenlos, Quelle von allem, eins mit den Bewegungen und dem Lauf der Natur, ewig. Die mystische Einheit des Tao ist der Kern all der unterschiedlichen taoistischen Vorstellungen, die sich ihrerseits zwar ebenfalls wandeln und verschiedene Erscheinungsweisen annehmen, aber letztlich dennoch Ausdruck des unsagbaren Ursprungs sind.

御用監太監尚義王勤等奉
命提督監造

ASPEKTE DES GÖTTLICHEN

Das Göttliche erscheint im Taoismus auf vielerlei Weise. In gewissem Sinn gilt die gesamte Schöpfung als Ausdruck des Göttlichen, denn alles kommt vom Tao („Weg") und kehrt zu ihm zurück. Tao ist aber nicht als höchstes Wesen zu verstehen, sondern als kosmisches Prinzip, das alle Bereiche der Schöpfung belebt.

In vermeintlichem Gegensatz dazu steht die riesige Zahl von Gottheiten, die den Kosmos bewohnen. So kennt man Götter, die als Manifestationen urtümlicher Energie gelten, aber auch antike Gottheiten, die der Taoismus in seine Götterwelt aufnahm. Andere gehen auf den Volksglauben zurück oder erinnern an frühere Machthaber. Hier kommt der Gegensatz von dem Einen und den vielen zum Tragen, denn Tao ist das kosmische Prinzip, das die hinter der Schöpfung wirkende Einheit darstellt.

LINKS: Diese aus der Zeit der Ming-Dynastie (1454) stammende Rolle zeigt die drei Gottheiten Fu-hsing, Lu-hsing und Shou-hsing. Sie gewähren Glück, Wohlstand und ein langes Leben. Ihr Diener hält einen mit Spruchbändern geschmückten Schirm in die Höhe.

Die Quelle des Göttlichen ist im Taoismus das Tao. Das Wort bedeutet in der chinesischen Philosophie ursprünglich „Pfad" oder „Weg", im Taoismus wird es zum kosmischen Prinzip, das alles umfängt. Tao verleiht Struktur und Gestalt und ist insofern der Weg des Wandels und der Natur. Es verleiht jedem Geschöpf die ihm zukommende Energie, sein *te*. Tao, zunächst uranfängliches Chaos, zeit- und gestaltlos und unendlich, erzeugt das uranfängliche *ch'i*, sodann Yin und Yang und schließlich die Schöpfung selbst. Tao bringt alle Dinge hervor und erhält sie im Zuge des Wandels vom Chaos zur Gestalt und zurück zum Chaos.

Dem Menschen ist Tao durch die Gottheiten bekannt, die sich ihm im Laufe der Geschichte immer wieder offenbart haben. Einer der wichtigsten von ihnen ist der zum Gott erhobene Lao-tzu (s. S. 15). Bereits in der Han-Ära war sein Ruf, ein Gott zu sein, gefestigt. Später betrachtete man ihn als gleichaltrig mit dem uranfänglichen Tao, dem er noch vor der Gestaltung des Universum entsprungen sein soll. Manche Texte enthalten Beschreibungen einer Reihe von Inkarnationen und Metamorphosen. Lao-tzu gilt als Quelle zahlreicher taoistischer Offenbarungen, etwa im Zusammenhang mit Chang Tao-ling im Jahr 142 n. u. Z.

Zu Lao-tzus Inkarnationen existieren zahlreiche Beschreibungen. In manchen Texten erscheint er als eine Art Erlöser, der ein neues Zeitalter dauernden Friedens heraufführt. Gemäß *Hua-hu ching* („Über die Bekehrung der Barbaren", um 300 n. u. Z. verfasst) reiste Lao-tzu nach Indien, wo er als Buddha wiedergeboren wurde, um so auch den Menschen außerhalb von China den „Weg" zu bringen. Im 7. Jh. sprach man Lao-tzu als „Erhabener Vorfahr des Höchsten Mysteriösen Ursprungs" heilig und seine Verehrung wurde offiziell vorgegeben. Durch sein Vorbild und sein Werk sowie die mit ihm verbundenen Offenbarungen und Inkarnationen gelten Lao-tzu bzw. seine göttlichen Erscheinungsformen als Schlüssel für das Verständnis des Tao.

Es gibt zahlreiche weitere als göttlich verehrte Emanationen des Tao; viele von ihnen zeigen sich in triadischer Form. Sie entstammen fernen Himmeln und sind rein, d. h. vom Weltlichen unbefleckt. *T'ai-i*, das „Höchste Eine" – in kosmologischer Hinsicht als erste Regung des Tao verstanden – stellt gleichzeitig eine personale Gottheit dar und ist als solche Teil der Drei Einen, einer Triade, die im taoistischen Verständnis von Mikrokosmos und Makrokosmos eine wichtige Rolle spielt und dafür sorgt, dass alle Götter des Kosmos auch körperlich existieren. Die Drei Einen sind nicht nur im Kosmos, sondern auch in drei Lebenszentren des Körpers präsent, den so genannten Zinnoberfeldern. Des Weiteren stehen sie für die drei Lebenskräfte des Körpers, den Atem, das Mark (Samen) und den Geist. Mit Hilfe von innerer Alchemie sucht man diese Kräfte zu kul-

Dieser Schrein aus der Ming-Dynastie zeigt in der oberen Ebene den Gott Chen-wu auf einem Reittier, auf der mittleren die Drei Reinen Einen und im Zentrum der unteren den „Jade-Kaiser".

tivieren, um auf diese Weise einen „Embryo der Unsterblichkeit" hervorzubringen, seinerseits die Voraussetzung für einen unsterblichen Leib (s. S. 49).

Als weitere wichtige Triaden sind die Drei Reinen Einen zu nennen: die Himmlische Majestät des Ursprünglichen Anfangs, die Himmlische Majestät des Göttlichen Juwels und die Himmlische Majestät des Tao und *te*, die niemand anders als Lao-tzu ist. In der breiteren Bevölkerung finden die Drei Reinen Einen weniger Zuspruch, handelt es sich doch um unanschauliche Erscheinungsweisen des Tao. Sie werden von Priestern in entsprechenden Ritualen zur kosmischen Erneuerung, etwa dem großen *chiao*-Ritual, angerufen, um die schöpferische Energie des Tao für den Zusammenhalt der Gemeinschaft zu mobilisieren.

Der Umgang mit den Göttern vollzieht sich nach denselben Regeln, die auch für Herrscher und hohe Beamte gelten. Die bei Gebet und Ritual üblicherweise verwendete Sprache folgt dem Protokoll des chinesischen Kaiserhofs. Die Schüler lernen nicht nur, dass Götter in korrekter Weise anzusprechen sind, sondern dass auch ihre Vergegenwärtigung in angemessener Weise zu erfolgen hat. Mit speziellen Übungen kann man daran arbeiten, die Drei Einen im Zuge innerer Anschauung zu vergegenwärtigen, was gleichzeitig jene Lebenskräfte fördert, die für Langlebigkeit bzw. Unsterblichkeit sorgen.

Die taoistische Götterwelt umfasst nicht nur zahlreiche Sternengötter, auch Götter wichtiger Ströme oder heiliger Berge sind hier versammelt. Vor der Entwicklung des religiösen Taoismus bekannte Götter wurden ebenfalls in das stetig wachsende taoistische „Pantheon" integriert, etwa der „Gelbe Kaiser" oder die „Königinmutter des Westens". Der „Gelbe Kaiser" herrschte im Altertum und wird ebenso von konfuzianischen wie von taoistischen Gläubigen verehrt. Er gilt als idealer Herrscher und Urahn aller Chinesen, als versiert in Fragen der Selbstbildung und Langlebigkeit. In einer seiner Inkarnationen war Lao-tzu der Berater des „Gelben Kaisers", beide zusammen stehen für die ideale Beziehung zwischen Herrscher und Berater.

Die „Königinmutter des Westens" hat dem *Chuang-tzu* zufolge (s. S. 14) „das Tao erlangt" und ist daher unsterblich. Als eine der beliebtesten Gottheiten der Han-Dynastie, wurde sie von allen Schichten gleichermaßen verehrt. Im Rahmen des ihr gewidmeten Kults entstand um 300 v. u. Z. eine millenaristische Bewegung, in deren Verlauf große Teile der Bevölkerung Richtung Westen wanderten bzw. ihre bevorstehende Ankunft erwartend, darauf hofften, dass sie ein neues Zeitalter von Frieden und Wohlstand herbeiführe. Sie diente den Herrschern des Altertums als Ratgeberin und wird im Taoismus vor allem ihrer ausgefeilten Techniken zur Erlangung der Unsterblichkeit wegen verehrt.

Im Laufe der Jahrhunderte bezog der Taoismus auch im Volksglauben verehrte Götter ein. Sie waren menschlichen Ursprungs und wurden erst nach ihrem Tod vergöttlicht und zu Angehörigen der himmlischen Hierarchie. An ihrer Spitze steht der „Jade-Kaiser". Er wird zuweilen mit dem jüngeren Bruder der „Himmlischen Majestät des Ursprünglichen Anfangs" gleichgesetzt und bildet das verbindende Glied zwischen den reinen taoistischen Himmeln und der himmlischen Hierarchie. Er beaufsichtigt die zahlreichen, im Volksglauben verehrten Götter und stellt das himmlische Gegenstück zum weltlichen Kaiser dar.

Im Volksglauben kennt man eine Reihe von Göttern, die bis heute angebetet werden. Ma-tzu etwa wurde nach zwei Jahrhunderten der Verehrung durch breitere Volksschichten offiziell als Göttin anerkannt und der himmlischen Hierarchie zugeordnet. Im 7. Jh. avancierte sie zur Kaiserin des Himmels und wurde eine der Frauen des Jade-Kaisers. Ein anderer populärer Gott ist Kuan-ti. Der historische Volksheld war berühmt für seine Wildheit, seinen Mut und seine unerschütterliche Treue gegenüber seinen Blutsbrüdern und seinem König, der 219 hingerichtet wurde. Seine Geschichte wird in dem berühmten, in der Ming-Zeit verfassten *Roman der drei Reiche* erzählt. Wie im Fall von Ma-tzu führte die stetig wachsende Zahl seiner Anhänger schließlich zur Anerkennung durch den Kaiser.

Die Königinmutter des Westens besucht Kaiser Wu

„Der Schwarm von Vergöttlichten zählte nach Zehntausenden. Ihr Glanz ließ den Hof hinauf bis zu den Dachgesimsen erstrahlen. Als die Königinmutter angekommen war, verschwanden sie, und man sah nur noch sie, auf einer Purpurwolke sitzend, die von einem neunfarbig gestreiften Drachen gezogen wurde. An ihrer Seite waren 50 himmlische Vergöttlichte (…) Die Königinmutter stieg zur königlichen Empfangshalle hinauf, wandte sich gen Osten und setzte sich nieder. Sie trug ein gesäumtes gelbes Kleid aus Damast, das bis zum Boden reichte. Muster und Farbe waren frisch und hell, die leuchtende Tracht rein und feierlich. Gegürtet war sie mit der Göttlichen Fliegenden Großen Schärpe. An der Seite trug sie das zweischneidige bildertrennende Schwert und ihr Haar war zum Großen Blumenknoten gebunden. Ihren Scheitel schmückte der Kopfschmuck des Großen Vollkommenen Kindes des Sonnenuntergangs, ihre Füße zierten Schuhe mit dem Phönix-Muster des Uredelsteins. Ihr Alter konnte man auf etwa 30 schätzen (…) Ihre himmlische Anwesenheit verhüllte den hellen üppigen Blumenteppich. Ihr Antlitz war schöner als das aller gefeierten Schönheiten des Tages.“

Aus dem *Han Wu-ti nei-chuan*, nach der Übersetzung von Jennifer Oldstone-Moore

Kommentar

Hsi Wang Mu, als „Königinmutter des Westens“ eine der wichtigsten Göttinnen, ist „die Königin der Unsterblichen“ und ein Symbol des höchsten Yin. Auf dem heiligen Berg K'un-lun wuchsen verschiedene, das Leben verlängernde Kräuter und Früchte. Dazu zählen auch die berühmten „Pfirsiche der Unsterblichkeit“, die alle 3000 Jahre zur Reife gelangen und jedem, der das Glück hat, sie essen zu dürfen, weitere 3000 Jahre Lebenszeit verleihen. Legendär ist ihr Besuch bei dem Han-Herrscher Wu-ti im Jahr 110 v. u. Z., den sie mit Pfirsichen, heiligen Texten und magischen Amuletten beschenkte. Erste Berichte darüber enthält das *Han Wu-ti nei-chuan* („Geheime Geschichte des Han-Kaisers Wu-ti“), verfasst im 4. oder 5. Jh. n. u. Z.

Frühen Zeugnissen nach war Hsi Wang Mu wild und gefährlich, ein menschliches Wesen mit zerzaustem Haar und Tigerzähnen. Später wird sie als schöne Göttin beschrieben, die Bittsteller im strahlenden Glanz empfängt, der einer Königin ziemt. Ihre Jugendlichkeit schrieb man nicht zuletzt der Beherrschung kunstvoller Sexualpraktiken zu. Die Königinmutter suchte jeder, der Unsterblichkeit und göttliche Audienz ersehnte. Der Berg K'un-lun galt als ein von Göttern besuchter Ort, den zu besteigen nichts anderes bedeutete, als Einblick zu gewinnen in jene Praktiken, die Unsterblichkeit verleihen können.

務成子

老君於夏禹時號務成子說開天經教以理化之道帝行之治滔滔之水鑿龍門導九河手足胼胝啓呱呱而泣三度過門不顧功成得天錫

KAPITEL DREI

HEILIGE SCHRIFTEN

Die umfangreiche taoistische Literatur umfasst u.a. Offenbarungen, Stammbäume, Verhaltenskodizes und heilige Schaubilder. Der taoistische Kanon, in seiner gegenwärtigen Form auf eine Ausgabe von 1445 zurückgehend, zählt 1120 Bände. Da man außerhalb der Tempel und Klöster nur wenige Abschriften fand, waren der wissenschaftlichen Auseinandersetzung enge Grenzen gesetzt. Durch einen 1926 erfolgten Nachdruck hat sich die Situation grundlegend geändert.

Zudem gibt es nicht im Kanon enthaltene Texte, die Archiven entstammen oder auf archäologische Funde zurückgehen. Hier ist etwa an die Tun-huang-Höhlen zu denken, die im 11. Jh. verschlossen und erst 1900 wieder geöffnet wurden. Die meisten taoistischen Schriften gelten als Artikulationen des Tao zu Fragen moralischer, geistiger und körperlicher Bildung.

LINKS: Diese Seidenrolle aus dem frühen 12. Jh. zeigt die neunte von zehn Manifestationen von Lao-tzu. Als kaiserlicher Lehrer beförderte er maßgeblich die Entwicklung der chinesischen Zivilisation.

Herzstück des Taoismus ist das *Tao Te Ching* („Über den Weg und seine Kraft"). Der Überlieferung nach wurden diese Lehren im 6. Jh. v. u. Z. von Lao-tzu, einem kaiserlichen Archivbeamten, verfasst. Enttäuscht vom Leben am Hof, hatte er sich auf einen Ochsen gesetzt und war mit diesem zu den Bergen im Westen geritten. An der Grenze fragte ihn ein Wächter nach seinen Lehren – was die Niederschrift des *Tao Te Ching* zur Folge hatte, eines kurzen Textes von kaum mehr als 5000 Zeichen Umfang. Auf anspielungsreiche Weise wird hier auf die Bedeutung von *wu-wei* verwiesen, womit das Unterlassen jeder naturwidrigen Handlung gemeint ist. Zudem werden Verfahren zur Erhaltung der Gesundheit und Beispiele für den Weg eines weisen Herrschers angeführt. Allgemein nimmt man heute an, dass der auch als *Lao-tzu* bekannte Text aus dem 4. Jh. v. u. Z. stammt, aber nicht von einem Autor namens Lao-tzu, der vermutlich in das Reich des Mythos gehört, verfasst wurde, sondern auf mehrere Autoren zurückgeht.

Der zweitwichtigste Text des philosophischen Taoismus ist das *Chuang-tzu* („Meister Chuang"), benannt nach seinem im 4. Jh. v. u. Z. lebenden Verfasser. Gelegentlich ist der Text auch mit *Chuang chou* betitelt. Für ein allgemeines Publikum berichtet der Verfasser von den unendlichen Manifestationen des jenseits aller menschlichen Wertvorstellungen liegenden Tao. Er denkt über das Wesen der

Wirklichkeit nach, und die zahlreichen Ab- und Umwandlungen, die den Menschen im Leben und auch im Tod begegnen und die er auf die Macht des Tao zurückführt. Auch auf Unsterbliche kommt Chuang-tzu zu sprechen – vollendete Wesen, die auf Bergen wohnen, sich vom Wind ernähren, Tau schlürfen und fliegen können. Diese Vorstellungen sollten einen zentralen Stellenwert im religiösen Taoismus gewinnen. Im Übrigen ist man der Ansicht, dass Chuang-tzu selbst sieben Kapitel geschrieben habe, die restlichen 26 hingegen von seinen Studenten stammten.

Zwei weitere bedeutsame Werke des philosophischen Taoismus sind das *Huai-nan-tzu* („Der Meister aus Huainan", 2. Jh. v. u. Z.) und das *Lieh-tzu* (3. bis 4. Jh. wie das *Chuang-tzu* nach seinem Verfasser benannt). Während dem Leser im *Huai-nan-tzu* Zeit, Kosmos und menschliches Handeln als wechselseitig miteinander verbundene Größen vor Augen geführt werden, enthält das *Lieh-tzu* etliche Geschichten über die Wandlungsfähigkeit des Tao, wie sie in den Wundern der Schöpfung zum Ausdruck kommt.

Auf die Vielzahl der nach der Zeitenwende gegründeten Schulen gehen Tausende von Texten zurück. Einer der bedeutendsten ist *Pao-p'u tzu* („Der Meister, der die Einfachheit liebt", 320 n. u. Z.), dessen Verfasser, Ko Hung, in Verbindung zur Shang-ch'ing-Schule stand. In seinem Werk, u.a. beeinflusst von den *fang-shih*, den „Herren mit

Rezepten" (s. S. 48), und der schamanistischen Überlieferung Südchinas, beschreibt er die zu seiner Zeit übliche Meditations- und Alchemiepraxis. Der Text ist unterteilt in „innere" (esoterische, taoistische) und „äußere" (exoterische, konfuzianische) Kapitel. Im Rahmen der „inneren" Kapitel werden geheime Verfahren zur Erlangung der Unsterblichkeit und die Zubereitung von Unsterblichkeitselixieren beschrieben. Gegenstand der „äußeren" Kapitel sind Maßnahmen zur Aufrechterhaltung der gesellschaftlichen Ordnung bzw. der Erziehung zu menschlichem Verhalten.

Sämtliche genannten Werke zählen zum taoistischen Kanon. Im 5. Jh. unternahm man den ersten Versuch, alle taoistischen Werke zu sammeln und zu ordnen. Seither wurden in regelmäßigen Abständen neue Sammlungen herausgegeben, die ihrerseits den Kanon veränderten. Da es immer wieder zu Verboten taoistischer Schriften kam und kriegerische Auseinandersetzungen das Land erschütterten, blieben die frühen Versionen des Kanon nicht erhalten. Unter den mongolischen Herrschern der Yüan-Dynastie entstand eine Ausgabe des Kanon mit 7000 Kapiteln. Nach einem Streit zwischen Buddhisten und Taoisten ordnete Kublai Khan später die Verbrennung aller taoistischen Texte an, ausgenommen war nur das *Tao Te Ching*.

Der Kanon des 5. Jh. umfasste drei „Höhlen" genannte Sektionen. Man orientierte sich in diesem Zusammenhang möglicherweise am Buddhismus. Jede Sektion spiegelte die einer jeweiligen Schule entsprechende Offenbarungstradition wider: Shang-ch'ing, Ling-pao und San-huang. Als später auch die Werke anderer Schulen in den Kanon aufgenommen wurden, erarbeitete man neue Ordnungsstrukturen. Die drei „Höhlen" waren nach thematischen Gesichtspunkten unterteilt. Darunter befinden sich Themenkomplexe wie Offenbarungen, Auslegungen, nach Stammbäumen geordnete Materialien, Biografien taoisti-

Dieses aus der Zeit der Sui-Dynastie (581–618) stammende Gemälde zeigt taoistische Meister, die dem Kaiser eine neue Ausgabe des Tao Te Ching *präsentieren, des wichtigsten taoistischen Werks.*

scher Koryphäen, Schaubilder, Amulette, ethische Maximen, Hymnen und Handbücher für alchemistische Praktiken.

Der religiöse Taoismus ist eine Offenbarungsreligion. Seine Schriften entstammen dem Anbeginn der Schöpfung und wurden vom uranfänglichen Atem (*yüan ch'i*) geformt, der ins Sein trat, als sich das Tao erstmals regte. Seit den Himmlischen Meistern (s. S. 16) betrachteten alle Schulen die maßgeblichen Schriften als Offenbarung des Tao auf Erden. Das *Tao Te Ching* begriff man als Offenbarung des vergöttlichten Lao-tzu, der beispielsweise über die heiligen Register der göttlichen Wächter berichtet hatte, sodass es wiederum für Priester möglich wurde, diesen Aufträge zu erteilen. Yang Hsi wiederum war berühmt wegen der Offenbarungen, die er zwischen 364 und 370 durch Besuche taoistischer Geister erhielt. Die entsprechenden Schriften stammten angeblich aus dem „Himmel der Höchsten Reinheit". Sie avancierten zum grundlegenden Schriftgut der Shang-ch'ing-Schule. Yang Hsis elegante Kalligrafie beförderte ihren Ruhm zusätzlich. Klassiker wie *T'ai-p'ing ching* („Über den großen Frieden") aus dem Umkreis der Gelben Turbane (s. S. 15) brachten messianische Erwartungen ins Spiel, insofern man nunmehr eine Zeit erhoffte, in der Lao-tzu für Frieden, Wohlstand und Langlebigkeit sorgen würde.

Um zu verhindern, dass die Lehre Uneingeweihten in die Hände fällt, sind viele Texte verschlüsselt oder nur sehr schwer verständlich geschrieben. Die Schüler wurden von Meistern unterwiesen, die sich ihrerseits so lange zurückhielten, bis sie überzeugt waren, dass die Schüler der Vermittlung der Lehre würdig waren. Das entscheidende Wissen wurde oft nur mündlich weitergegeben – der Schlüssel zum Verständnis der verschleierten und symbolischen Ausdrucksweise blieb allein den Eingeweihten vorbehalten.

Soweit der Kanon die Beschreibung des Lebens von Heiligen umfasst, steht zum einen das Leben großer Taoisten und Unsterblicher im Mittelpunkt. Zum anderen wird von Vergöttlichten, taoistischen Patriarchen und nur mehr lokal bedeutsamen Göttern berichtet. Lehren und Werke so bedeutender taoistischer Schuloberhäupter wie Lü Tungpin und Wang Che sind Gegenstände weiterer Schriften.

Ebenso bedeutsam wie ungewöhnlich sind Werke, die Karten heiliger Orte enthalten. In vielen dieser Arbeiten werden die Fünf heiligen Gipfel, ihre Schreine und Tempel thematisiert, und die Götter und Unsterblichen aufgelistet, die dort gesehen worden waren. Von zentraler Bedeutung für den Taoismus ist die These, derzufolge der Makrokosmos eine Entsprechung des Mikrokosmos des menschlichen Körpers ist. Karten von Himmel und Erde dienten daher nicht nur der Vorbereitung von Wanderungen oder der Orientierung bei Pilgerfahrten, sondern auch der Erkenntnis der kleinen Welt des eigenen Körpers.

Aus „Herbstfluten" im *Chuang-Tzu*

„Der Gott des Nördlichen Meeres sagte: Mit einem Frosch in einem Brunnen kann man nicht über den Ozean diskutieren, er ist in seinem Käfig gefangen. Einer Zikade kann man nichts über Eis erzählen, sie kennt nur den Sommer. Einem (...) Gelehrten kann man nicht vom Weg sprechen, denn seine Parteilichkeit hindert ihn am Verständnis. Du dagegen bist aus den Uferklippen hervorgetreten, hast einen Blick auf das große Meer geworfen und bist dir bewusst, wie verhältnismäßig unbedeutend du bist. Von daher ist es jetzt möglich, dir von der allem zugrunde liegenden Struktur zu erzählen. Von allen Gewässern unter dem Himmel ist keines größer als das Meer, in das sich fortwährend Abertausende Ströme und Flüsse ergießen. Und doch läuft es nie über. Es läuft am Ende der Welt ohne Unterlass aus, und doch entleert es sich nie (...) Flut und Ebbe zeigen keine Wirkung, und es ist unermesslich viel größer als der Gelbe Fluss (...)

Trotzdem gab diese Größe mir niemals Anlass zu Hochmut. Meine Form ist von Himmel und Erde, Lebensatem erhalte ich von Yin und Yang. Mein Platz zwischen Himmel und Erde ist wie der eines kleinen Steins oder Baums auf einem großen Berg. Ich sehe, dass ich klein bin; worauf sollte ich mir etwas einbilden?"

Aus dem *Chuang-tzu*, nach der Übersetzung von Jennifer Oldstone-Moore

Kommentar

Der philosophische Taoismus wird in der chinesischen Literatur seiner mystischen Visionen, atemberaubenden Bilder und seiner herausragenden literarischen Schönheit wegen geschätzt. Das gilt in besonderer Weise für das nach seinem Verfasser (um 369–286 v. u. Z.) benannte Werk *Chuang-tzu*, das sich u.a. durch fantasievolle Dialoge sowie witzige, tiefsinnige und scharfe Beobachtungen auszeichnet.

Das *Chuang-tzu* bejaht die fortwährendem Wandel unterzogene Welt in allen ihren Erscheinungsformen. Was immer einem begegnet, ist Teil eines erhabenen Ganzen, in dem nichts verloren geht und alles als gleichermaßen kostbar und bedeutsam anzusehen ist. Das unparteiische und allumfassende Wesen des Tao zu begreifen, ist die wichtigste Aufgabe des Menschen. Dem Tao gemäß ist alle Schöpfung aus einem Blickwinkel zu betrachten, der nicht von egoistischen Interessen bestimmt wird. Die Textpassage aus den „Herbstfluten" veranschaulicht diese Auffassungen. Der Flussgott rühmte sich seiner Größe, bis ihn die Begegnung mit dem Meer schließlich Bescheidenheit lehrte. Der Meeresgott wiederum sinnt über die beschränkte Perspektive eines jeden Geschöpfs im Kosmos nach, um sich sodann die Einsichten taoistischer Philosophie zu Eigen zu machen, derzufolge selbst das Meer im Vergleich zu dem gewaltigen Plan von Himmel und Erde als winzig gelten müsse.

KAPITEL VIER

HEILIGE PERSONEN

Die Geschichte des Taoismus verzeichnet viele klangvolle Namen. Ruhm ernteten insbesondere jene Taoisten, die durch göttliche Offenbarungen als würdige Persönlichkeiten galten. Oft standen sie unter kaiserlichem Schutz und verfügten über Einfluss am Hof. Nicht weniger verehrt wurden Priester, die unterschiedlichste Rituale oft ebenso kompetent durchführten wie medizinische Behandlungen. Taoisten wie Laotzu oder Chuang-tzu sind berühmt für ihre distanzierte Haltung gegenüber jedweder egoistischen Orientierung. Des Weiteren gibt es zahlreiche Geschichten über Unsterbliche, die sowohl die Grenzen menschlicher als auch göttlicher Existenz überschritten. Taoisten wie etwa die „Sieben Weisen im Bambushain" hielten sich von allen weltlichen Verlockungen fern und studierten die Schönheit der Natur.

LINKS: Die Acht Unsterblichen und der Sohn des „Jade-Kaisers", auf einem großen Räucherstäbchen, das u. a. aus dem Holz von Zimtbäumen besteht, das zu Pulver zermahlen und mit Sägemehl und Wasser vermischt wird. Die aus der entstandenen Masse gefertigten Figuren werden bemalt und als Opfergabe verbrannt.

Taoistische Priester sind als ordinierte Mitglieder des Klerus in der Lage, die Wesen der Geisterwelt heraufzubeschwören und ihnen Befehle zu erteilen. Übung und profunde Kenntnis einschlägiger Werke vorausgesetzt, vermögen sie Dämonen zu bekämpfen und übernatürliche Kräfte zu beherrschen, um auf diese Weise Gutes zu tun. In der Regel werden sie eingesetzt, wenn es gilt, am Ort eines zu errichtenden Hauses die lebenden Erdgeister zu versöhnen und Dämonen zu vertreiben, die ihrerseits der Anlass für seelisches oder körperliches Leid sind.

Ein Priester beschwört Geister durch Gesten und Gesänge herauf. Verwendung finden auch geweihtes Wasser oder Alkohol, die man etwa über einen niedergeschriebenen Zauberspruch spritzt. Zu den rituellen Techniken zählt auch der „Tanz des Yü", der an den sagenhaften Herrscher gleichen Namens erinnert. Diese Macht über die Geister macht Priester zu Schlüsselfiguren bei Begräbnissen. Sie sind über die himmlischen und höllischen Hierarchien im Bilde, wissen, wie Absolutionsschreiben zu verfassen sind und den Seelen der Toten geholfen werden kann.

Die Priesterschaft verfolgt „den Weg" in unterschiedlichster Weise. Manche ziehen sich als Einsiedler oder Mönche von der Gemeinschaft zurück, andere, so genannte Feuerbewohner, heiraten, gründen Familien und wirken als Heiler. Die inmitten der Gesellschaft arbeitenden Priester werden ihrer verschiedenen Kopfbedeckung wegen in „schwarzköpfige“ und „rotköpfige“ Taoisten unterschieden. Letztere stehen in der schamanistischen Tradition. Sie vermögen die örtlichen Geister heraufzubeschwören oder zu exorzieren. Schwarzköpfige Taoisten hingegen zählen zur Orthodoxie und haben lange Jahre des Studiums hinter sich. Aufgrund ihrer geistlichen Macht bleibt ihr Umgang mit den Göttern nicht auf lokale Aspekte beschränkt. Sie sind u. a. befähigt, Gottheiten herbeizuzitieren, die reine Emanationen des Tao sind. Die Tradition der Feuerbewohner geht auf die Cheng-i-Schule zurück, die ihrem Selbstverständnis nach von den Himmlischen Meistern der Han-Zeit gegründet wurde. Das entsprechende Amt wird vom Vater auf den Sohn übertragen, der als Heranwachsender die Rituale erlernt, in die geheime Überlieferung eingeweiht wird und die feierlichen Gewänder und Schriften erbt. Den schwarzköpfigen Priestern bleibt es vorbehalten, komplizierte Rituale wie das *chiao* (s. S. 59) aufzuführen. Im Übrigen ist es nicht ungewöhnlich, dass schwarz- und rotköpfige Priester gemeinsam für denselben Tempel tätig sind und ihre Dienste Seite an Seite anbieten.

Der Tradition nach wurden Taoisten, die sich für ein klösterliches Leben entschieden, meist im Alter zwischen 12 und 20 Jahren Novizen. Außer am täglichen Gottesdienst teilzunehmen, gehörten niedere körperliche Arbeiten zu ihren Pflichten. Manche Klöster standen Taoisten gleich welcher Schule offen. Auch wer lediglich der Selbstbildung wegen kam, wurde von diesen Häusern aufgenommen. Die wichtigste, einer klösterlichen Ordnung verpflichteten und bis heute tätigen Schulen ist jene der Völligen Vollkommenheit (Ch'üan-chen). Nicht zuletzt aufgrund ihrer zölibatären und vegetarischen Regeln nimmt sie eine Sonderstellung unter den Orden ein.

Viele Taoisten unterhielten Beziehungen zum Hof und vermochten diese nicht selten derart zu nutzen, dass ihre eigenen Lehren besondere Reputation gewannen. Ein frühes Beispiel für die Verflechtung von Religion und Politik ist der Himmlische Meister Chang Lu, der im Jahr 215 n. u. Z. dem Herrscher der neuen Wei-Dynastie den Weg zur Macht ebnete. Größere Bedeutung hat auch der Himmlische Meister K'ou Ch'ien-chih (365–448), der im Zuge einer Ordensreform nicht nur den durch allerlei sexuelle Verfehlungen beschädigten Ruf seiner Schule wiederherstellen konnte, sondern auch ein kaiserliches Verbot der Buddhisten durchzusetzen vermochte.

Eine Reihe angesehener Taoisten fungierten als Berater des Kaisers, etwa Tu Kuang-t'ing (850–933), ein taoistischer Gelehrter am T'ang-Hof. Manchen Herrschern verliehen dergleichen hochrangige Taoisten mitunter religiöse Titel, z. B. dem Sung-Kaiser Hui-tsung (1101–1125), der

„Die Sieben Weisen im Bambushain" von Fu Pao-shih (1904–1965). Diese Gelehrten aus dem 3. Jh. n. u. Z. verschmähten weltliche Erfolge zugunsten eines dem Tao gewidmeten Lebens.

eine Theokratie errichtete und sich selbst an die Spitze des Pantheons stellte. Bevor taoistische Gelehrte zu Beratern des Kaisers wurden, hatten – in der Zeit vor Christi Geburt – die *fang-shih* („Herren mit Rezepten", also die offiziellen kaiserlichen Magier) jene Aufgaben erfüllt, die später von den Priestern übernommen wurden. Dazu zählten u. a. der Umgang mit guten und die Exorzierung böser Geister sowie verschiedene Formen der Weissagung. Ferner verstanden sie sich auf Akupunktur und Moxibustion, legten Regeln für Hygiene und Diäten fest, verschrieben Medikamente und gaben Ratschläge zur Erhaltung der Virilität.

Schon im chinesischen Altertum war von Unsterblichen die Rede. Einigen Berichten zufolge sind sie gegen Hunger und Kälte immun, durchqueren Feuer, ohne zu verbrennen, und Wasser, ohne nass zu werden. Manche haben ein Gefieder und sind leicht wie Vögel, andere verleihen ihrem alten Körper neue Jugend. Als Herren über Raum und Zeit sind sie in der Lage, die Welt auf die Größe eines Flaschenkürbis zu reduzieren oder umgekehrt einen Kürbis entsprechend zu vergrößern. Sie sind von flüchtiger Gestalt und erscheinen und verschwinden nach eigenem Belieben. Ihre eisglatte Haut ist schneeweiß, die Pupillen sind quadratisch. Abgeschiedene Bergregionen und Höhlen oder magische Orte wie die Insel P'eng-lai vor der chinesischen Küste gelten als ihre bevorzugten Refugien. Zwischen den Sternen und Planeten hin und her wandernd, besuchen sie die Erde nur gelegentlich und inkognito, um denen, die es verdienen, ebenfalls Unsterblichkeit zu verleihen.

In der Rangordnung des Seienden nehmen Unsterbliche einen besonderen Platz ein. Es sind Menschen, die das Tao verwirklicht haben und frei sind von Furcht und Angst, welche Menschen und Götter beherrschen. Sorgen und Ablenkungen, wie sie die irdischen und himmlischen Ordnungen mit sich bringen, berühren sie nicht.

Ein beliebtes Thema vieler volkstümlicher Geschichten sind die Acht Unsterblichen. Die Mitglieder dieser Gruppe „vollkommener Personen" symbolisieren Glück und die „acht Bedingungen des Lebens" (Jugend, Alter, Reichtum, Armut, hohe und niedrige soziale Stellung, Weiblichkeit und Männlichkeit). Dies besagt nichts anderes, als dass jeder Mensch unsterblich werden könne.

Einer der Acht Unsterblichen, Lü Tung-pin, soll die Schule der Völligen Vollkommenheit gegründet und mit seinem Meister Chung-li Ch'üan alchemistische Schriften verfasst haben. Als er diesem erstmals begegnete, erlebte er innerhalb der kurzen Zeit, die benötigt wird, um einen Topf Hirse zuzubereiten, auf magische Weise ein ganzes Leben mit all seinen Erfolgen und Niederlagen. Als das Essen fertig war, erwachte Lü. Die Eitelkeit allen weltlichen Strebens einsehend, gab er seine bisherige Lebensweise auf und führte fortan ein unstetes Wanderleben.

Allgemein gelten Unsterbliche bzw. taoistische Helden als vorbildlich. Wem es gelingt, magische Kräfte und Unsterblichkeit zu erlangen, der erfährt nachhaltige Bewunderung. Der zerlumpte, von sozialen Fesseln befreite taoistische Mönch, der dröhnend und respektlos lacht, ist ein wiederkehrendes Bild in der Literatur.

Lobpreis auf die Vorzüge des Weins, von Liu Ling

„Das ist der Große Mensch:
Für ihn sind Himmel und Erde ein Tag,
zehntausend Jahre ein Augenblick,
Sonne und Mond sind seine Fenster
und die acht wüsten Plätze seine Paläste.

Er reist ohne Wege und hinterlässt keine Spuren,
hat weder Zimmer noch Haus,
der Himmel ist sein Vorhang die Erde seine Matte,
er ist hemmungslos und handelt, wie es ihm gefällt.

Er sorgt sich nicht und grübelt nicht,
sondern ist zufrieden und vergnügt.
Ohne eine Bewegung wird er berauscht,
und erwacht augenblicklich von seiner Trunkenheit.

Er kennt nicht das Gefühl, wenn das Fleisch
von beißender Kälte oder stechender Hitze gepeinigt wird,
oder lüsterne Anwandlungen hat.
Er sieht herab auf den Rest der Welt, der getrieben
und rastlos ist
wie die Wasserlinsen an den Ufern von Yangtze und Han."

Aus dem *Chiu-te sung* von Liu Ling, nach der Übersetzung von Jennifer Oldstone-Moore

Kommentar

Die „Sieben Weisen im Bambushain" lebten im 3. Jh. n. u. Z., als infolge politischer Wirren Angst die Menschen beherrschte. Sie kehrten dem höfischen Leben den Rücken und wählten stattdessen eine Existenz im Dienste des Tao. Ihr Leben war von Gelehrsamkeit bestimmt und teils höchst unkonventionell: So soll einer der Freunde auf Becher verzichtet und den Wein stattdessen aus einer auf dem Boden stehenden Schale getrunken haben, aus der manchmal auch die Schweine tranken.

Liu Ling, der Verfasser des Gedichts *Chiu-te sung* („Lobpreis auf die Vorzüge des Weins"), war bekannt dafür, dass er sich keine Zügel anlegen ließ und die Regeln zivilisierten Benehmens gern ignorierte. Als er einmal bei sich zu Hause sehr viel getrunken hatte, entledigte er sich seiner Kleidung. Einem Besucher, der ihn deshalb tadelte, entgegnete er: „Die Welt ist mein Haus, mein Haus ist meine Hose: Was tun Sie in meiner Hose?"

Liu porträtiert in seinem Gedicht einen Taoisten, der sich von der Welt zurückzieht und diese mit distanziertem Vergnügen betrachtet. Unbekümmert um die Feinheiten der Etikette, liebte man den Wein, die Frauen und den Gesang – über Jahrhunderte hin waren dies die Vorlieben taoistischer Exzentriker und Philosophen.

招財進寶

ETHISCHE GRUNDSÄTZE

In den frühesten taoistischen Texten begegnet uns die Ethik aus dem Blickwinkel des Tao, das alles erschafft, nährt, zerstört und umfängt. Verhältnissen, die aus der Angst der Menschen herrühren, ist ebenso zu misstrauen wie einem in bloßen Gegensätzen erstarrten Denken (z.B. Gut *oder* Böse), macht derlei doch ein Leben nach taoistischen Prinzipien unmöglich.

In den Jahrhunderten nach Christi Geburt wurden diesen frühen Idealen konventionellere ethische Grundsätze hinzugefügt, die alle das Ziel eines langen Lebens betonten. Schrittweise erfuhr die taoistische Ethik, die nicht zuletzt Anpassungsfähigkeit und Demut favorisierte, Veränderungen durch den Einfluss anderer chinesischer Religionen, insbesondere von Konfuzianismus und Buddhismus.

LINKS: Amulette in einem Souvenirgeschäft am Eingang zum Won-Tai-Sin-Tempel in Kowloon, Hongkong. Won Tai Sin, eine lokale Gottheit, hat den Ruf, dass ihre Voraussagen mit großer Genauigkeit eintreffen. Die Amulette werden als Schmuck getragen oder zu Hause als Glücksbringer aufbewahrt.

Im *Tao Te Ching* heißt es, dass weder Himmel und Erde noch der Weise wohlwollend seien, vielmehr behandelten sie alle Dinge distanziert und gleichmütig. Dieser in den frühesten taoistischen Schriften eingenommene Blickwinkel stellt nicht den Menschen, sondern die Natur in den Mittelpunkt des Interesses. Eine solche Weltsicht macht Unterscheidungen in Gut und Böse, Schön und Hässlich, Wertvoll und Wertlos geradezu sinnlos. Wo die Welt im Licht von Unterschieden erlebt wird, sind Begehren und Verlangen die Folge. Wer immer sich für einen bestimmten Aspekt ausspricht, hat damit auch den entsprechenden Gegensatz ins Spiel gebracht.

Den eigentlichen Mittelpunkt der Ethik des philosophischen Taoismus bildet *wu-wei*, die Forderung, sich dem natürlichen Wandel nicht entgegenzustemmen, sondern diesen zu akzeptieren. Wie das Tao nichts und niemanden bevorzugt, zieht auch der Weise weder eine Handlungsweise noch ein Ergebnis vor.

In der Geschichte von Hun-tun, dem kosmischen Flaschenkürbis, kommt diese Sichtweise sinnreich zum Ausdruck. Als „König des Zentrums" verteilt Hun-tun großzügig Geschenke an die „Könige des Nordens und Südens". Diese werden aber nicht spontan und dankbar entgegengenommen; vielmehr streiten die Beschenkten über protokollarische Fragen. Um Hun-tun ein menschliches Gesicht zu geben, bohren sie sieben Öffnungen in den Kürbis, der daraufhin stirbt. Soweit also die menschliche Perspektive das Handeln bestimmt, sind Gefahren unausweichlich, die sich aus dem gesellschaftlichen Miteinander ergeben. Im Goldenen Zeitalter hingegen, ehe die Zivilisation zerstörerische Regeln mit sich brachte, handelte man im Einklang mit der Natur.

Ursprünglich orientiert am Ideal eines vermeintlich vollkommenen Urzustands, entwickelte der Taoismus in der Zeit nach Christi Geburt deutlicher explizit ethische Positionen. Dementsprechend enthält das *Hsiang-erh*, ein früher Kommentar zum *Tao Te Ching*, eine modifizierte Auffassung zum Verhalten von Himmel, Erde und den Weisen: Den Guten gegenüber sind sie nunmehr durchaus wohlwollend gesonnen, während die Bösen kein Entgegenkommen erwarten dürfen. Obgleich in derlei Texten die Tradition beschworen wird, sind die Veränderungen offensichtlich. Ein Jünger des Tao hatte der als *wu-wei* gefassten Weltsicht zu genügen, also nachgiebig, flexibel und bescheiden zu sein. Innere Zufriedenheit und die Überwindung der Leidenschaften waren vorrangig. Nun aber plädierte man auch für konfuzianische Tugenden, forderte den Gehorsam von Kindern und Untertanen, empfahl Großmütigkeit und verbot zu fluchen, zu beleidigen oder Versprechen zu brechen. Des Weiteren wurden

Verhaltensweisen wie Diebstahl, Unzucht, Gier, Hartherzigkeit, übermäßige Neugier, das Verbreiten von Gerüchten und die Wut verurteilt.

Ethisches Verhalten wirke sich, wie man glaubte, auf den Gesundheitszustand aus und sei insbesondere im Zusammenhang mit Ritualen bedeutsam. Entsprechende in den frühen Schulen entwickelte Vorstellungen sind bis heute verbreitet. Den himmlischen Meistern galt Sündhaftigkeit als Ursache für Krankheiten und ein kurzes Leben. Mithilfe bestimmter Rituale konnte der Makel der Sünde entfernt und Langlebigkeit gefördert werden. Neben den rituellen Verpflichtungen hatte dabei tätige Reue ihren festen Platz im Umgang mit Fehlverhalten – was etwa im Rahmen gemeinnütziger Arbeiten unter Beweis gestellt werden konnte. Dreimal im Jahr fanden Feiern statt, zu Ehren der Drei Beamten (San Kuang), der Gottheiten Himmel, Erde und Wasser, die die Sünden der Menschen aufzeichneten und unter bestimmten Voraussetzungen Vergebung gewährten. Reuige Sünder legten ihre Bekenntnisse auf Papierstreifen nieder, die für den Beamten des Himmels verbrannt, für den Beamten der Erde vergraben und für den Beamten des Wassers versenkt wurden. Ein anderes Ritual, das Schlamm- und Holzkohle-Fasten, hatte Folgen für die gesamte Welt. Man erbat nicht nur für sich und seine Familienangehörigen

Vergebung, sondern für alle Lebewesen überhaupt. Während der entsprechenden Feierlichkeiten schmierten sich die Büßer mit Schlamm und Holzkohle ein.

Die Verfeinerung der Techniken im Hinblick auf Aspekte der Selbstbildung ging mit wachsender Bedeutung ethischer Grundsätze einher. Ko Hung etwa, der im 4. Jh. u. a. Rezepte für alchemistische Elixiere veröffentlichte, deren Einnahme die Unsterblichkeit verleihen sollte (s. S. 49), ging davon aus, dass moralische und rituelle Reinheit die unabdingbare Voraussetzung für die Wirksamkeit der Substanzen darstellte. Er teilte die gängige taoistische Überzeugung, die an der Vitalität des Körpers zehrenden Drei Würmer seien Spione, die dem Himmel über jeweilige Sünden berichteten und in Relation dazu festgelegte Kürzungen der Lebensspanne umsetzten. Wang Che, der im 12. Jh. den Mönchsorden der Ch'üan-chen (Völligen Vollkommenheit) gegründet hatte (s. S. 18), betonte im Hinblick auf den Gewinn der Unsterblichkeit mit alchemistischen Mitteln nachdrücklich die Bedeutung der ethischen Lehren wie sie im Konfuzianismus, Taoismus und Buddhismus entwickelt worden waren. So untersagte Wang Che sexuelle Aktivitäten, Alkoholgenuss, Zorn und Gier nach Reichtum.

Die Forderung, ethischen Standards zu genügen, ging regelmäßig mit millenaristischen Erwartungen einher.

Diese Illustration aus einem taoistischen „Wetterbuch" des 19. Jh. zeigt Feuer (Yang) und Wolke (Yin) inmitten zuströmender Vitalenergie (ch'i). Tusche und Zinnober auf Papier.

Man glaubte nämlich, gute Werke, das Beichten und tätige Reue beschleunigten die Ankunft einer vollkommenen Welt. Es sei im Zusammenhang mit der Ansammlung von Bösem ein Wendepunkt zu erwarten, an dem ein Erlöser erscheinen werde. Auf die Vernichtung aller Ungläubigen folge eine Zeit des Friedens, des Wohlstands und langen Lebens. Man unterstellte also einen Zusammenhang zwischen guten Werken und ethischem Verhalten einerseits und der Herankunft einer vollkommenen Welt andererseits.

Die Kernthemen der taoistischen Ethik sind heute nicht weniger virulent als vormals. Wie stets arbeiten die Priester an ihrer Selbstbildung, um auf diese Weise ihrer Gemeinschaft bzw. den Menschen insgesamt zu dienen. Nirgendwo kommen die entsprechenden Intentionen so deutlich zum Ausdruck wie im Rahmen des von der Priesterschaft gestalteten *chiao*-Festes. Seine Entstehung geht auf das 5. Jh. n. u. Z. zurück. Berühmt für herrliche Kostüme, eindrucksvolle Altarbilder und anspruchsvolle musikalische Begleitung, wird es üblicherweise zur Zeit der Wintersonnenwende veranstaltet, wenn die schöpferische Kraft des Yang den Umschwung zur Erneuerung bringt. Alle am *chiao*-Fest mitwirkenden Priester müssen sich zuvor einer rituellen Reinigung unterzogen haben, um zu gewährleisten, dass die kosmischen Mächte auch tatsächlich herniedersteigen.

Am für die Zeremonie vorgesehenen Ort rekonstruiert der Priester im Zuge des Rituals in symbolischer Weise das Universum. Dabei konzentrieren sich die kosmischen Energien im Körper des Hohepriesters. Dessen Ziel ist es, die gesamte Gemeinschaft, d. h. Lebende wie Tote, mit den Kräften von Licht, Leben, Wachstum und Yang zu erfüllen.

Vorschriften, um ein Unsterblicher zu werden

„Lass keine schlimmen und eifersüchtigen Gefühle in dein Herz. Erlaube gerissenen und verräterischen Gedanken nicht, in dir zu reifen und zur Tat zu schreiten.

Bewahre deine Menschlichkeit und töte nicht (...) Habe Mitgefühl und Liebe für alle (...)

Bewahre deine Reinheit und zeige dich rechtschaffen (...) Gib dich nicht Ausschweifungen hin, meide den Exzess (...)

Schränke den Alkoholgenuss ein. Halte dich an Regeln des Benehmens. Bemühe dich um eine kraftvolle und ausgeglichene Wesensart. Füge deinem inneren Geist keinen Schaden zu. Begehe keine Verbrechen.

Deute nicht an den Schriften und Lehren herum und kritisiere sie nicht. Verschmähe die Schriften der Weisen nicht. (...) Handele stets so, als stündest du vor dem Angesicht der Götter.

Tue alles, was du tust, mit dem gleichen Einsatz und aus vollem Herzen. Stelle sicher, dass all deine Handlungen Menschen und Götter versöhnlich stimmen."

Aus: *T'ai-shang tung-hsüan ling-pao ch'ih-shu yü-chüeh miao-ching*, nach der Übersetzung von Jennifer Oldstone-Moore

Kommentar

Unterricht im religiösen Taoismus erhielt nur, wer der Lehren für würdig erachtet wurde. In diesem Zusammenhang griff man auf den Gedanken der Vorbestimmung zurück: Auf dem Pfad des Adepten voranzuschreiten, war nur jenen gestattet, deren Namen in den Himmlischen Registern verzeichnet waren und die über „Gebeine aus Jade" verfügten. Ein solches, als unzerstörbar geltendes Skelett zu besitzen, war die Voraussetzung dafür, einmal über einen unsterblichen Leib verfügen zu können. Unbesehen dieser Vorgaben hatte jeder Adept ein moralisches Leben zu führen und den tradierten Bräuchen zu folgen, um ein Unsterblicher zu werden. Regeln für ethisches Verhalten, ein unverzichtbarer Bestandteil der Disziplin, der sich Adepten zur Reinigung von Herz, Geist und Körper unterzogen, waren in Moralkodizes niedergelegt.

Die zitierte Passage stammt aus einem Text der Schule des Göttlichen Edelsteins und entstand Ende des 4., Anfang des 5. Jh. Dergleichen Vorschriften wurden auch im Rahmen der von den Adepten abzulegenden Gelübde verwendet. Der Text zeigt nicht nur Einflüsse der Fünf Vorschriften des Buddhismus (wonach Töten, Stehlen, Lügen, exzessives Geschlechtsleben und Rauschzustände als Übel gelten), sondern auch des buddhistischen Appells, um Erlösung zu ringen und Mitgefühl zu beweisen.

KAPITEL SECHS

HEILIGE ORTE

Chinesischer Weltsicht zufolge ist der Kosmos heilig; alles hängt mit allem zusammen, ist gesegnet und vollkommen. Er schafft und erhält sich selbst und folgt in seinem Auf und Ab einem ewig gültigen Muster, dem gemäß sich alle Individualität entfaltet. Von diesem Verständnis her ist der Körper als heiliger Mikrokosmos aufzufassen. Dem Tao zu folgen, heißt somit, sich mit dem Strom der kosmischen Kraft in Einklang zu bringen und nach Bildung und Überwindung der Leidenschaften zu streben.

Von großer Bedeutung für den Taoismus sind geografische Elemente wie Flüsse, Berge und Höhlen. In ihrer Nähe wurden oft Tempel und Schreine errichtet. Taoisten begreifen es als gutes Werk, Pilgerstätten aufzusuchen: Ob dies persönlich oder auch durch Meditation geschieht, ist unerheblich.

LINKS: Die grandiose, von vereinzelten Kiefern bewachsene Felsenlandschaft in der südlichen Anhui-Provinz. Berge gelten im Taoismus traditionell als Orte besonderer Kraft, da ihnen ein hohes Maß an „Lebensenergie“ (ch'i) zu Eigen ist.

Das Universum ist der taoistischen Sicht nach in allen seinen Teilen miteinander verknüpft und folgt einem einzigen Prinzip. Die gesamte Schöpfung entspringt dem Tao und wird durch das Tao gestaltet, das schon vor aller Zeit oder Schöpfung existierte. Dem fruchtbaren Chaos des Tao entstammt *ch'i*, der Grundstoff des Lebens. Ein Teil, *yin ch'i*, ist schwer und sinkt herab, ein anderer, *yang ch'i*, ist leicht und steigt auf. Auf diesem grundlegenden Gegensatz beruht das aus mannigfachen Gruppierungen und Unterteilungen bestehende Universum. Fünfergruppen (Pentaden) sollten besonders bedeutsam werden. Die Fünf Phasen (*wu-hsing*) bilden ein mächtiges Organisationsprinzip im taoistischen Denken. Die Fünf Phasen sind Gliederungen des *ch'i*, das sich als größeres (Wasser) und kleineres (Metall) Yin, als größeres (Feuer) und kleineres (Holz) Yang und als ausgewogener Mittelpunkt (Erde) zeigt. Miteinander verbunden, vermögen sie sich wechselseitig zu erzeugen oder zu zerstören. Diese Pentade dient im Hinblick auf die grundlegenden Eigenschaften ihrer Elemente und die damit einhergehenden Wechselwirkungen als Schlüssel für das Verständnis und die Erklärung sehr vieler Zusammenhänge: vom Aufstieg und Niedergang von Dynastien über die Funktionsweise innerer Organe bis zum Verlauf der Zeit.

Alles, von Geistern bis zu Felsen, besteht aus *ch'i*. Mancherorts ist *ch'i* in großen Mengen und in ausnehmend hoher

Qualität vorhanden. Es fließt durch in der Erde befindliche Kanäle und versorgt so alle Geschöpfe mit Lebensenergie. Bevorzugte geografische Punkte sind Berge, in China von alters her als Gottheiten und Begegnungsstätten zwischen Göttern und Menschen verehrt. Dabei ist von zentraler Bedeutung, dass in den Bergen Kräuter und Mineralien für Elixiere und Medikamente zu finden sind und sie als Heimat der Unsterblichen gelten. In den taoistischen Ritualen werden sowohl der menschliche Leib als auch der Ritualaltar als Berge versinnbildlicht.

Die Fünf heiligen Gipfel erscheinen als Widerhall der Fünf Phasen. Sie heißen T'ai, Heng, Haeng, Hua und Sung. Auf diesen Bergen wurden zahlreiche Tempel und Klöster errichtet. Andere Berge sind bedeutsam im Zusammenhang mit bestimmten Schulen. So steht der Berg Mao für Shang-ch'ing, Lung-hu für die Himmlischen Meister, und der Wu-tang ist die Heimat der taoistischen Schulen der Kriegskunst. Manche Berge hingegen sind mythischer Natur: Zu ihnen zählt z. B. der K'un-lun, die Heimat der „Königinmutter des Westens".

Berge bilden zusammen mit Grotten und Reichen der Seligen ein Netz heiliger Stätten. Man stellte sich vor, Grotten seien durch besonderes eigenes Licht oder aber vom Licht des Himmels illuminiert. Grotten galten als Quellen der Lebensenergie, als Orte der Götter, als heilige

Ein taoistischer Schrein auf der Gebirgskette Huang-Shang. Hier soll der „Gelbe Kaiser“ zum Unsterblichen geworden sein.

Mikrokosmen. Des Weiteren verzeichnete man auch Reiche der Seligen. Taoisten bestimmten bzw. vermaßen zehn große und 36 kleinere Grottenhimmel sowie 72 Reiche der Seligen. Man nahm an, diese Orte seien durch unterirdische Gänge miteinander verbunden und bildeten so ein Netz heiliger Orte und Mächte.

Diese Vorstellungen sind mit der alten Kunst des *feng-shui* verbunden, eine weitere Weise (wenngleich nicht im engeren Sinne taoistisch), sich zu den kosmischen Mächten Zugang zu verschaffen. Mit dem Begriff *feng-shui* (wörtlich „Wind und Wasser") bezeichnet man die Kunst, für Gräber, Gebäude oder auch ganze Städte innerhalb eines bestimmten Areals jenen Ort zu finden, der das in der Umgebung vorhandene *ch'i* bestmöglich bündelt und den Einklang mit der natürlichen Ordnung am wenigsten stört. Der Meister des *feng-shui* verwendet einen speziellen Kompass, mit dem er sich anhand visueller Merkmale der jeweiligen Umgebung über ihre Besonderheiten orientiert.

Wo immer *ch'i* fließt, kann es durch bestimmte Praktiken zum Vorteil des Menschen manipuliert werden: *Feng-shui* ist dafür ebenso ein Beispiel wie Akupunktur. Bestimmten taoistischen Meditationspraktiken zufolge haben die Adepten in sich hineinzusehen, um das „Land des Körpers" zu betrachten, das als heiliger Mikrokosmos und getreuliche Verdopplung des Universums verstanden wird. Es weist demnach dieselbe Struktur und dieselben Merkmale wie der Kosmos auf. Dementsprechend verfügt er über Götter, Berge, Sternbilder und himmlische Körper, Seen, Brücken und Pagoden – und vielleicht einen „Embryo der Unsterblichkeit". Ebenso verzeichnet der jeweilige Mikrokosmos eine große Bevölkerung, die nach den gleichen Maßstäben verwaltet wird wie das kaiserliche China. Während der Fürst des Körpers im Herzen residiert, sind seine Minister und Untergebenen überall im Körper tätig. Kosmos, Staat und Körper werden als homologe Strukturen aufgefasst, die jeweils konzentrische Einheiten mit nach innen zunehmender Heiligkeit bilden. Die Einheiten durchdringen sich gegenseitig, wie z.B. die Handlungen und die Liturgie des *chiao*-Festes (s. S. 59) zeigt, bei dem der Priester die Gemeinschaft erneuert und zugleich sein eigenes „Embryo der Unsterblichkeit" heranbildet.

Die wahre Gestalt des Makrokosmos bildet sich auch in den Mikrokosmen geweihter Zeichnungen ab, z. B. in Diagrammen. Sie visualisieren die interne Struktur der Quellen kosmischer Energie. Adepten, die deren wahre Gestalt kennen, vermögen diese Machtquellen zu kontrollieren. In Diagrammen wird die wahre Gestalt von Bergen, Grotten und anderen geografischen Elementen offenbar, sodass man sich vor den dort womöglich lauernden Gefahren schützen kann. Auch die Talismane, die komplizierten chinesischen Schriftzeichen in archaischem Stil ähneln, vermögen die heiligen Orte des Körpers und des Kosmos abzubilden und geben so wichtige Kenntnisse an die Hand. Die Wirksamkeit von Talismanen ist gewöhnlich an mündliche Formeln gebunden, die nur Eingeweihten bekannt gemacht werden.

Auch Tempel und Klöster sind dem Taoismus heilige Orte. Die Mehrzahl chinesischer Tempel wird von Laienpriestern verwaltet, ist aber nicht speziell taoistisch ausgerichtet. Sie beherbergen neben den Darstellungen taoistischer Gottheiten wie der Drei Reinen Einen auch die anderer volkstümlicher Geister, etwa der Acht Unsterblichen, sowie Darstellungen von Schutzgöttern und Protagonisten der konfuzianischen und buddhistischen Tradition. Taoistische Priester können auch in solchen Tempeln rituell tätig werden. Es gibt zudem spezifisch taoistische Bauwerke wie die Abtei der weißen Wolke in Peking, ein zur Schule der Vollkommenen Wahrheit gehörendes Kloster. In den Tempeln des Östlichen Gipfels (Tung yüeh), die mit der Orthodoxen Einheit in Verbindung stehen, befinden sich besondere Kammern, in welchen die Qualen der Hölle unter dem Berg T'ai dargestellt werden. Die Bevölkerung legt in speziellen Räumen Opfergaben nieder, um so der Seele eines geliebten Angehörigen zu helfen.

Andere Tempel und Klöster sind in der Nachbarschaft eines heiligen Berges oder ähnlich markanter Orte situiert. Viele sind bekannte Pilgerstätten und standen unter kaiserlichem Schutz. Auf vielen heiligen Gipfeln, aber auch dort, wo Taoisten den „Weg" gefunden haben sollen, wurden während der T'ang-Dynastie (618–907) Schreine und Klöster erbaut. Die Turm-Abtei z. B. errichtete man an jener Stelle, wo Lao-tzu das *Tao Te Ching* offenbart wurde. Sie avancierte zu einer berühmten Pilgerstätte und erhielt den Namen „Kloster des Heiligen Ahnen".

Pilgerinnen auf dem Weg zum Berg T'ai

„Die Frau sagte: Meine Liebe, kann es auf der Welt noch eine T'ai Shan geben? Von oben hat man einen perfekten Überblick über alle Länder der Erde, über die Drachenpaläste, die Tempel und die Paläste der Unsterblichen. Verließen, wenn es dort diese Wohltaten nicht gäbe, Männer und Frauen ihre Häuser und legten Tausende von Kilometern zurück? (...) Noch dazu ist Unsere Frau vom T'ai Shan Herrin über Leben und Tod, Glück und Wohlstand aller Völker (...) Wer sie in seinem Herzen verehrt, sieht, wenn er vor Unsere Frau tritt, ihr wahres leibliches Gesicht; dem, der sie nicht verehrt, zeigt sie nur eine vergoldete Maske. Ihre Macht ist groß, sie kann für Glück sorgen und Untaten vergeben. Auf dem Berg ist des Schauens und Staunens kein Ende; hier befinden sich die nach Süden gerichtete Höhle, die Drei Himmlischen Tore, die Gelbe Blumeninsel, die Ebene der Selbstmorde, der Fels zum Trocknen von Kalligrafien, die Stele ohne Inschrift, die Kiefer der Ch'in, die Zypresse der Han, die Goldfarbenen Papierschnitzel, die Jade-Schriften – all das gibt es hier, wo die Götter und Unsterblichen wohnen. Niemandem, dem nur durchschnittliches Glück beschieden ist, gelingt es, hierher zu kommen!"

Aus: *Hsing-shih yin-yuan chuan*, von Hsi Chou Sheng, nach der Übersetzung von Glen Dudbridge, in: *Pilgrims and Sacred Sites in China*, hrsg. v. Susan Naquin und Chün-fang Yü, Berkeley (CA) 1992, S. 46

Kommentar

Taoistische Adepten waren zwar eifrige Pilger, aber nicht die Einzigen, die es reizte, sich auf heilige Wanderschaft zu begeben. Menschen aus allen Schichten der Bevölkerung gingen auf Pilgerschaft. Kaiser untermauerten durch Reisen zu heiligen Orten ihren Herrschaftsanspruch, andere baten um Segen und Vergebung, sobald sie ihr Ziel erreichten. Oder sie reisten, um berühmte Sehenswürdigkeiten selbst in Augenschein zu nehmen. Der Berg T'ai nimmt unter den heiligen Gipfeln in der chinesischen Religionsgeschichte die bedeutendste Stellung ein. Der Gott vom Berg T'ai hatte einen hohen Rang in der himmlischen Hierarchie inne. Er übte z. B. Kontrolle über Leben und Tod aus.

Die Pilger dieser aus dem 7. oder 8. Jh. stammenden Geschichte sind nicht nur an Sehenswürdigkeiten interessiert, sie wollen auch Unsere Frau vom T'ai Shang, die Tochter des Gottes vom Berg T'ai, um einen Gunstbeweis bitten. T'ai Shang ist in China auch als Pi-hsia yüan-chün bekannt, die „Herrin der Wolken bei Sonnenuntergang", und wurde im späten kaiserlichen China zur wichtigsten taoistischen Göttin. Voller Mitleid mit dem einfachen Volk, ähnelt sie darin Kuan-yin, der buddhistischen Göttin der Gnade. Der Berg T'ai, mit Hunderten von Schreinen und einem über 7000 Stufen umfassenden Weg hinauf zum Gipfel, ist das Ziel vieler Pilger.

新東兴敬奉
福
慶讚中

FESTE UND HEILIGE ZEITEN

Taoistische Tätigkeiten dokumentieren u.a. die Absicht, sich mit den kosmischen Zyklen in Einklang zu bringen. Diese wurden ihrerseits deutlich in den abstrakten Strukturen von Yin und Yang und den Fünf Phasen und ermöglichen das Verständnis von Raum und Zeit. Das taoistische Ritual basiert auf gründlicher Kenntnis dieser Vorgänge und wird beispielsweise zelebriert, wenn es darum geht, die Zeit zu beschleunigen oder sie bis zum Augenblick der Schöpfung zurückzuverfolgen.

Yin und Yang und die Fünf Phasen spielen bei allen religiösen Festen in China eine Rolle. Die entsprechenden Begriffe sind nicht ausschließlich im taoistischen Umkreis gebräuchlich. Aber sie spiegeln taoistische Glaubensvorstellungen wider und eröffnen den Zugang zum Verständnis von Zeit, Natur und Schicksal.

LINKS: Ein taoistischer Priester beim Fest der Hungrigen Geister in Penang, Malaysia. Die Statuen stellen Geister dar, die, so glaubt man, für einen Monat im Jahr zur Erde kommen, um sich zu vergnügen.

Nach taoistischer Anschauung existierte das uranfängliche Tao schon vor der Zeit, die erst begann, nachdem es erschienen war. Die Zeit ist daher Teil der Entfaltung der Schöpfung – und der Umgang mit ihr muss erlernt werden, um sie zum eigenen Vorteil nutzen zu können. Dieses Verständnis bildet die Grundlage der meisten taoistischen Praktiken und fand seinen konkreten Ausdruck in der „äußeren" und „inneren Alchemie". Mithilfe der (heute nicht mehr praktizierten) „äußeren Alchemie" glaubte man, die Zeit kontrollieren zu können. Bei der „inneren Alchemie" wiederum geht es darum, den Strom der Lebensessenzen umzukehren.

Derart die Verlaufsrichtung bzw. die Auswirkungen der Zeit zu ändern, bedeutet nichts anderes, als den Zustand eines Neugeborenen zu initiieren, der voller Lebensenergien steckt. Diese ursprüngliche Vitalität symbolisiert auch der „Embryo der Unsterblichkeit", der beispielsweise durch solche Rituale erzeugt wird. Somit gilt: Wer den kosmischen Strom zu beeinflussen im Stande ist, vermag Mikrokosmen hervorzubringen.

Überhaupt sucht der Taoismus den kosmischen Aspekten der Zeit soweit als möglich zu entsprechen. In taoistischen Klöstern steht man z. B. bei Sonnenaufgang auf und geht bei Sonnenuntergang zu Bett. Das *chiao*-Fest der Erneuerung (s. S. 59) wird gewöhnlich zur Zeit der

Wintersonnenwende gefeiert, wenn das Yang wiedergeboren wird. Auch im Zusammenhang der verschiedenen anderen Feste und Bräuche im Ablauf des religiösen chinesischen Jahres dokumentiert sich die taoistische Vorstellung vom variablen Charakter der Zeit, die nicht zuletzt auch in der Auffassung von Yin und Yang und den Fünf Phasen (s. S. 14, 64) zum Ausdruck kommt. Obgleich viele der Feste nicht erklärtermaßen taoistisch ausgerichtet sind, wirken auch taoistische Priester durchaus bei diesen Festen mit.

Der Zeitrechnung dienen in China sowohl der Sonnen- wie der Mondkalender. Der Mondkalender umfasst zwölf Monate, denen alle zwei, drei Jahre ein dreizehnter Monat hinzugefügt wird. Der Sonnenkalender hingegen zählt 24 „Knoten" oder „Atemzüge" von je 14 Tagen. Diese Einteilung orientiert sich vor allem an jahreszeitlichen Abfolgen in der Landwirtschaft. Der Beginn der Jahreszeiten folgt den jeweiligen Sonnenwenden und Tagundnachtgleichen.

Des Weiteren fasst man die einzelnen Jahre zu Zyklen zusammen, etwa zu Zwölf-Jahres-Zyklen, die ihrerseits wiederum zu Sechzig-Jahres-Zyklen gebündelt werden. Die Benennung der einzelnen Jahre ergibt sich aus der Kombination zweier Symbolgruppen, der Zehn himmlischen Stämme und der Zwölf irdischen Äste. Ein Ast entspricht einem Tierkreiszeichen, zwei Stämme werden jeweils einer von fünf Farben (für die Fünf Phasen) zugeordnet. Das Ergebnis: ein Sechzig-Jahres-Zyklus, in dem jedes Tierkreissymbol je einmal mit einer der Farben verknüpft wird. Das erste Jahr des Zyklus (*chia-tzu*) ist das Jahr der Blauen Ratte.

Viele der Feste fallen mit markanten Kalenderdaten zusammen und gehen auf das alte Yin-Yang-Denken oder die Fünf-Phasen-Kosmologie zurück. Hier sind u.a. die Mondphasen und der Wechsel der Jahreszeiten von Bedeutung. Feiertage fallen häufig auf Tage mit ungeradem Datum (was Yang symbolisiert) oder den 15. eines Monats des Mondjahres. Der Inhalt dieser Feste weist auf eine Reihe wichtiger Themen hin: die Bedeutung der Familie und des Respekts vor den Ahnen, das Streben nach Langlebigkeit, der Wunsch nach Segnung, und das Bestreben, übelwollende Kräfte entweder umzustimmen oder fernzuhalten. Viele sind den Göttern und Göttinnen der Volksreligion gewidmet, deren Geburtstage fester Bestandteil der Jahresfeste sind.

Zum Neujahrs- (oder Frühlings)fest, dem wichtigsten Fest des Jahres, kommt die ganze Familie zusammen. Man schmiedet Zukunftspläne, reinigt das Haus von oben bis unten, begleicht alte Rechnungen und erledigt bislang Liegengebliebenes. Jetzt, nach der Wintersonnenwende, feiert

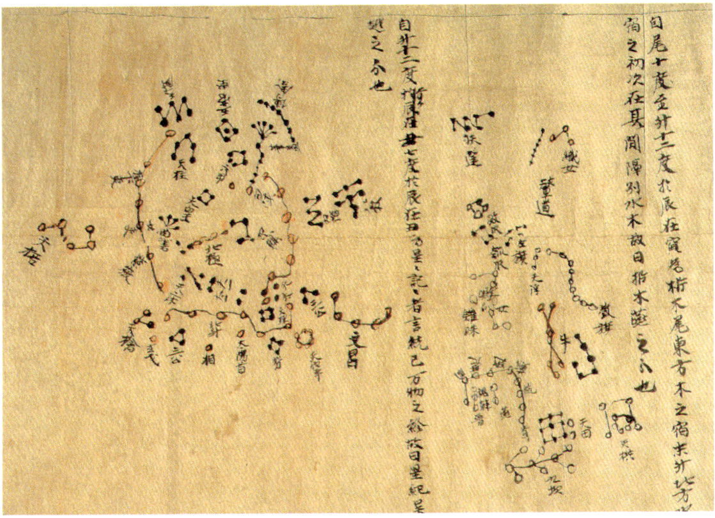

Eine Sternenkarte aus der Zeit um 940. Chinesische Astronomen fertigten über Jahrhunderte hinweg solche Karten an. China verfügt deshalb über die weltweit umfassendsten historischen Aufzeichnungen zur Sternenkunde.

man die Rückkehr des Yang. Überall herrschen die Yang-Farben vor: Rot, Gold und Orange. Idealerweise trifft sich die Familie am Neujahrsabend und jeder bemüht sich, das für das kommende Jahr erhoffte Familienglück nicht durch Unbedachtheiten, die als schlechtes Vorzeichen gedeutet werden könnten, in irgendeiner Form zu trüben.

Die Neujahrsfeierlichkeiten enden mit dem Laternenfest am 15. Tag des ersten Monats. Während der zwei

Wochen dauernden Festtage wird vielen volkstümlichen Göttern geopfert. Auf den letzten Tag der Ferien fällt der Geburtstag des Beamten des Himmels, dem bei Sonnenaufgang geopfert wird. Ein weiteres wichtiges Fest, *ch'ingming* („Klar und hell"), das dem Zusammenhalt aller Familienmitglieder (also auch der Ahnen) gewidmet ist, feiern die Chinesen zwei Wochen nach der Frühlings-Tagundnachtgleiche.

Zur Sommersonnenwende, die auf den fünften Tag des fünften Monats des Mondkalenders fällt, findet das Zweimal-Fünf-Fest statt: der Tag des Jahres, an dem das Yang die höchste Intensität erreicht. Nun sucht man Schutz mithilfe scharfer Kräuter oder Pflanzen, die ihrer Form nach scharfen Waffen ähneln. Auch die Fünf Gifte (Tausendfüßler, Schlange, Skorpion, Kröte und Eidechse), dienen der Abwehr von Gefahren, ebenso wie die Fünf Farben (Blau, Rot, Gelb, Weiß und Schwarz), beschwören sie doch ihrerseits die Macht der Fünf Phasen herauf.

Im Übrigen dokumentiert sich im Zweimal-Fünf-Fest die Ehrerbietung gegenüber Drachen, Wasser und einem berühmten Dichter. Um diese von heftigen Regengüssen geprägte Zeit werden die Reissetzlinge in den Feldern ausgebracht und gewässert. Die chinesische Überlieferung führt diesen Regen auf Drachen zurück, die in den Wolken leben und der Erde zu Wasser und Fruchtbarkeit verhelfen. Mit den „Drachenboot"-Rennen, die am Zweimal-Fünf-Fest stattfinden, erinnert man darüber hinaus an Ch'ü Yüan, einen Dichter zur Zeit der Chou-Dynastie, der in den Diensten der Regierung stand. Verzweifelt, dass sein Rat kein Gehör fand, hatte er sich in einen Fluss gestürzt.

Das Fest der Hungrigen Geister wiederum, gefeiert am 15. Tag des siebten Monats des Mondjahres, ist dem Gedanken an die Bedeutung der Gemeinschaft verpflichtet. In dieser Zeit sind die Pforten der Hölle geöffnet, deren Insassen gehen können, wohin sie nur wollen. Soweit diese Geister niemanden haben, der sich um sie kümmert, gelten sie als unglücklich, bösartig und potenziell gefährlich. Um sie zu besänftigen, sorgt man für Nahrung und Unterhaltung durch Musik und Theater. Am Tag der Hungrigen Geister feiern taoistische und buddhistische Priester gemeinsam unter freiem Himmel. Sie fordern die Geister zur Reue auf. Soweit diese uneinsichtig bleiben, werden sie am Ende der Feier zurück in die Hölle gejagt.

Das Mitherbstfest, das chinesische Erntedankfest, fällt auf den Tag des Vollmonds im achten Monat des Mondjahres, wenn die Herrschaft des Yang nach der Herbst-Tagundnachtgleiche auf Yin übergeht. In diesen Zusammenhang gehören die Geschichten um den „Hasen im

Mond“, der die Ingredienzen für das Unsterblichkeits-Elixier mit einem Stößel zerkleinerte, und um Ch’ang-o. Sie ist die Frau, die das Elixier trank, das eigentlich für ihren Mann bestimmt war und die daraufhin zum Mond hinauf schwebte, wo sie seitdem lebt. Ein heutzutage seltener begangenes Fest ist das Zweimal-Neun-Fest. Neun ist die Zahl, die explizit Yang symbolisiert, zweimal Neun gilt daher als ganz besonders Glück verheißend. In dieser Zeit unmittelbar nach der Herbst-Tagundnachtgleiche übernimmt Yin die Vorherrschaft. Traditionell reichte man anlässlich dieses Festes Chrysanthemenwein und unternahm Ausflüge in die Berge.

Auch wer Familienfeste feiert, orientiert sich am steten Yin-Yang-Wechsel und den Fünf Phasen. Auf diese Weise prägt taoistisches Denken und Handeln das chinesische Leben. Man ruft Taoisten herbei, um Glück verheißende Tage für wichtige Anlässe zu finden oder bei bestimmten Ritualen zu helfen. Hochzeiten spielen im Rahmen der Familientradition eine bedeutende Rolle, ist der Fortbestand der Familie doch von erfolgreichen Eheschließungen abhängig. Die Familien müssen die Horoskope von Braut und Bräutigam abgleichen, um festzustellen, wie sich deren Verhältnis im Hinblick auf die kosmische Zeit ausnimmt. Vor der Verlobung prüft ein Astrologe, ob die „acht Zeichen“ beider – Jahr,

Monat, Tag und Stunde der Geburt – miteinander harmonieren. Dass bei Verlobungs- und Hochzeitsfeiern die Familie der Braut auf der West-, die des Bräutigams auf der Ostseite zu sitzen hat, resultiert ebenfalls aus der Orientierung an Yin und Yang. Eine Mutter, die während ihrer Schwangerschaft den traditionellen Ratschlägen folgt, um den Fötus zu schützen und die Geburt leicht zu gestalten, wird, wie es heißt, „den Monat sitzen", d.h. zu Hause bleiben. Zudem wird sie sich von warmen, also von Yang-Gerichten ernähren, und in dieser Zeit immer wieder eine mit fünf Heilkräutern versehene Suppe zu sich nehmen.

Auch im Rahmen der mit dem Tod verbundenen Riten kommt die von Yin und Yang geprägte Weltsicht zum Ausdruck. Beim Begräbnis scheiden sich die Trauernden in zwei Gruppen, die Frauen begeben sich auf die West- und die Männer auf die Ostseite. Bei der Vorbereitung zur Verbrennung wird die Leiche mit dem Kopf nach Süden aufgebahrt, denn diese Himmelsrichtung symbolisiert Feuer und Reinigung. Die Familie drückt ihre Trauer aus, indem sie ihren Hausaltar mit weißen Stoffen verhängt, denn Weiß ist die Yin-Farbe: Sie symbolisiert Tod, Westen und letzte Ruhe. Auf diese Weise werden für eine Familie kritische Phasen in größere Zyklen zeitlichen Wandels integriert, was den Übergang erleichtert und die Wirksamkeit der Rituale sicherstellt.

Die Verwaltung der Zeit

„Wenn flüssiges Quecksilber das Herrenmetall (Blei) umfängt und schwanger wird, entsteht ein nach dem natürlichen Zyklus verwandeltes Elixier. Wo es Zinnober gibt, gibt es auch Blei und Silber. In 4320 Jahren ist das Elixier vollendet (...) 4320 Jahre lang empfängt es das *ch'i* von Sonne und Mond, Yin und Yang, und wird dann, mit der Erfüllung seines eigenen *ch'i*, ein zyklisch verwandeltes Elixier für Unsterbliche der höchsten Stufe und für himmlische Wesen. Wenn zum Zweck der Unsterblichkeit in der unteren Welt Blei und Quecksilber dem alchemistischen Prozess unterworfen werden, ist es in einem Jahr vollendet."

Aus: *Heart-Mirror of Mnemonics and Explanations from Writings on the Elixir*, in: „Chinese Alchemy and the Manipulation of Time", nach der Übersetzung v. Nathan Sivin, in: *Science and Technology in East Asia*, hrsg. v. N. Sivin, New York 1977, S. 112

„Der Ofen soll im elften Monat (dem der Wintersonnenwende), am ersten Tag eines Sechzig-Tage-Zyklus, um Mitternacht, d.h. in der ersten Stunde eines Sechzig-Stunden-Zyklus angezündet werden. Zunächst soll fünf Tage lang mit drei Unzen Holzkohle durch Tür A gefeuert werden (...) dann fünf Tage lang mit vier Unzen durch Tür B und schließlich fünf Tage lang mit fünf Unzen durch Tür C."

Aus: *Arcane Teachings on the Ninefold Cyclically Transformed Gold Elixir*, in: „Chinese Alchemy and the Manipulation of Time", nach der Übersetzung v. Nathan Sivin, in: *Science and Technology in East Asia*, hrsg. v. N. Sivin, New York 1977, S. 115

Kommentar

Um jeweilige Stoffe umzuwandeln, die zur Herstellung des „Elixiers der Unsterblichkeit“ benötigt werden (s. S. 74), ist die Beherrschung der Zeit von entscheidender Bedeutung. Das Genie des taoistischen Alchemisten zeigt sich in seiner Befähigung, die verschiedenen, miteinander verknüpften (materiellen, räumlichen und zeitlichen) Aspekte des Tao durch deren im eigenen Körper vollzogene Nachbildung zu nähren. Um die Erzeugung von Gold zu beschleunigen, aus dem seinerseits ein „Elixier der Unsterblichkeit“ hergestellt werden konnte, bildeten die Alchemisten, ihr Wissen um das Wesen des Wandels in der Zeit demonstrierend, in ihren Laboratorien den Kosmos nach (s. S. 90–91).

Der erste Textauszug (vor 900 n. u. Z.) illustriert, wie der Alchemist sein Wissen vom Tao nutzt, wenn es darum geht, die Zeit zu beherrschen: Jeder Tag wird in zwölf „Stunden“ eingeteilt; ein Mondjahr mit 360 Tagen hat 4320 Stunden; eine Stunde im Laboratorium entspricht einem irdischen Jahr. Der zweite Auszug, aus einem Handbuch des Alchemisten Chen Shao-wei (um 712 n. u. Z.), verdeutlicht die Sorgfalt, mit der man den Yin-Yang-Wechseln zu entsprechen suchte. Die „Feuerungsphasen“ setze man zu kosmischen Zyklen in Beziehung, um so die Abfolge der Jahreszeiten en miniature nachzubilden. Die genaue Kenntnis zeitlicher Aspekte war hier unerlässlich.

KAPITEL ACHT

TOD UND JENSEITS

Taoistische Antworten auf den Tod fallen vielfältig aus, doch kommt in allen das Konzept des Wandels zum Ausdruck. Um zu verhindern, dass sich ein verstorbenes Familienmitglied in einen gefährlichen Hungergeist verwandelt, ist die Hilfe der Priester unumgänglich. Unsterblichkeit setzt nach chinesischen Vorstellungen notwendigerweise einen Körper voraus. Die taoistischen Praktiken sind deshalb darauf gerichtet, den Körper so zu modifizieren, dass er schließlich wieder in jenen Zustand undifferenzierter Möglichkeit übergeht, die das Tao vor der Schöpfung war. Um frei vom Tod zu werden, setzen Adepten im Zuge der entsprechenden Praktiken ihre Macht über kosmische Kräfte, Zeit und Materie ein. Unsterbliche feiern die Freiheit von den Zwängen menschlicher Existenz. Manche Taoisten hingegen schätzen die Freiheit von der Angst vor Tod und Wandel höher ein.

LINKS: Diese Illustration zu Andenken aus der Wolkengalerie *(1750), einem Werk, das die Praktiken eines taoistischen Adepten beschreibt, zeigt einen mutmaßlich Unsterblichen auf seinem Weg hinauf zum himmlischen Palast.*

Die uralten chinesischen Vorstellungen über die Seele und ihr Schicksal wurden niemals in ein geschlossenes System gefasst. In den Quellen ist von zweierlei Arten seelischer Substanz die Rede, gewöhnlich *hun* und *p'o* genannt. Die Frage, wie sich die Anteile an *hun* und *p'o* je Person verteilen, wird unterschiedlich beantwortet und ist Gegenstand beständiger Erörterung. Da Seelen ebenso wie alles Übrige aus der Vitalenergie *ch'i* bestehen, sind die Grenzen zwischen Leben und Tod fließend. *Hun*, aus *yang ch'i* bestehend, repräsentiert die spirituellen und intellektuellen Seiten, *p'o* besteht aus *yin ch'i* und repräsentiert das den Körper beseelende Prinzip. Beim Tod steigt *hun* auf, während *p'o* zu Boden sinkt. Angemessene Rituale sind notwendig, damit sich die *hun*-Seele in Ahnentäfelchen auf den Altären niederlassen kann und die *p'o*-Seele ihren Frieden findet.

Die Annahmen über den Tod und das Leben nach dem Tod entstammen unterschiedlichen Traditionen. Demzufolge existieren zahlreiche, darunter auch scheinbar widersprüchliche Vorstellungen vom Schicksal nach dem Tod. So soll die Seele sich nicht nur in einem Ahnentäfelchen oder im Grab niederlassen, sondern auch in die Unterwelt oder Hölle hinabsteigen, um dort das Urteil des Höllengerichts zu empfangen. Autochthone chinesische Vorstellungen verbinden sich dabei mit buddhistischen Konzepten, etwa vom Karma (der Bilanz von Verdiensten und Vergehen), vom Höllenkönig Yama und von den Strafebenen der Hölle, wo die Sünder gepeinigt werden, um vor der nächsten irdischen Wiedergeburt ihre karmische Bilanz zu verbessern.

Wie der Himmel so ist auch die Hölle nach dem Vorbild der alten chinesischen kaiserlichen Verwaltung und Gerichtsbarkeit aufgebaut. Beim Eintritt wird die Seele von den Zehn Magistraten gerichtet, die den Zehn Höllentribunalen vorsitzen. Sie verwalten auch die Bücher vom Leben und vom Tod, in denen jeder einzelne Tag, der einer Person zugeteilt wurde, verzeichnet ist. Nach dem Urteil wandert die Seele durch die verschiedenen Höllenebenen, um durch Peinigungen vergangene Verbrechen zu sühnen. Schließlich gelangt sie zum Letzten Gericht, wo sie, nachdem die Mängel des vorangegangenen Lebens ausgeglichen wurden, in Übereinstimmung mit den dort erworbenen Verdiensten in eine Wiedergeburt entlassen wird.

Beim Totenritual spielen taoistische Priester eine wichtige Rolle. Diese Beamten der Geisterwelt können für die Beamten der Unterwelt die dort erforderlichen Dokumente vorbereiten und vorlegen. Die Hinterbliebenen nehmen ihre Dienste in Anspruch, damit die Seele des verstorbenen Familienmitglieds nur eine möglichst kurze Zeit in der Hölle gepeinigt wird. Das Ritual kann die Zustellung eines speziellen Dokuments oder die dramatische Aufführung der Entlassung der Seele aus den Hölle umfassen.

Taoistische Priester sind aufgrund ihrer Fähigkeit, mit den Verstorbenen in Verbindung zu treten, für die Wiederherstellung des Familienfriedens wichtig. Nach dem Begräbnis sind die Hinterbliebenen dafür verantwortlich, dass es dem Toten für seine Bequemlichkeit an nichts fehlt. Für die Familienangehörigen ist das gleichbedeutend mit der Pflicht, täglich Weihrauch zu entzünden und in regelmäßigen Abständen Essen, Trinken und „Geistergeld" zu opfern. Kommt es in einer Familie zu Zwietracht, kann ein taoistischer Priester gerufen werden, um klären zu lassen, ob die Familie eines unzufriedenen Ahnen wegen leidet. Der Priester kann dann Maßnahmen vorschlagen, die geeignet sind, den unseligen Geist friedlich zu stimmen und die Familienharmonie wiederherzustellen.

Der Taoismus hat in seiner langen Geschichte auch ausgefeilte Techniken entwickelt, die es ermöglichen, dem Tod an sich zu entkommen. Die Methoden zur Erlangung der Unsterblichkeit beinhalten sowohl die Abhärtung des Körpers als auch die Reinigung von Herz und Geist. Der Glaube an die Möglichkeit der Unsterblichkeit ist keine genuin taoistische Vorstellung, aber die taoistischen Schulen haben sich um eine Systematisierung der mannigfaltigen Techniken bemüht. Dazu gehören Meditation, Vergegenwärtigungs- und Atemübungen, Leibesübungen und sexuelle Praktiken, Diäten und die Herstellung verschiedener

Skulptur des Ostbergtempels in Tainan auf Taiwan. Der Tempel wird mit dem Berg T'ai gleichgesetzt und bildet mit seinen Statuen die Gerichts- und Strafstätten nach.

Elixiere. In alten Zeiten suchte man nach dem „Elixier der Unsterblichkeit", entweder im eigenen Laboratorium oder bei denen, die, wie die „Königinmutter des Westens", an legendären Orten am Rand der bekannten Welt wohnten.

Ein in diesem Zusammenhang berühmter Taoist ist Ko Hung, dessen Werk *Pao-p'u tzu* mehrere Rezepte für Medikamente enthält, die Unsterblichkeit verleihen. Von Alchemisten besonders geschätzte Ingredienzen sind Gold, Arsen und Blei sowie Zinnober, eine Art des Quecksilbers, das für seine Yang-Farbe (Rot) und seine Fähigkeit zu leichter Verwandlung in andere Formen (s. S. 82–83) geschätzt wird. Diese „äußere Alchemie" setzte die Umwandlung chemischer Substanzen im Laboratorium in Beziehung zu Umwandlungen im Kosmos und im eigenen Körper. Das erforderliche Wissen, um die Geheimnisse der Wandlung chemischer Stoffe zu entschlüsseln, war also dasselbe, das benötigt wurde, um altersbedingten Verfallserscheinungen entgegenzuwirken. Viele Kaiser waren begierige Adepten der „äußeren Alchemie" und möglicherweise wurden nicht wenige durch die Anwendung solcher Medizin vergiftet.

Mit dem 8. und 9. Jh. war die „äußere Alchemie" verinnerlicht worden. Die Ausdrücke für die Verfeinerung und Verwandlung von Gold und Zinnober wurden nun auf die Elemente und Verwandlungen im Schmelztiegel des Körpers angewendet, nicht des Laboratoriums. Wer die „innere

Alchemie“ praktizierte, strebte nach der Verwandlung gereinigter und vervollkommneter körperlicher Stoffe (Sexualsekrete, Speichel, *ch'i*) in einen „Embryo der Unsterblichkeit“. Dieser „heilige Embryo“ wurde im Bauch des Adepten gebildet, wo er sich, durch die richtigen Verfahren in der geeigneten Weise genährt, zu einem vollkommenen Körper entwickelte, einem unsterblichen, wahren und wirklichen Selbst, das den alten vergänglichen Körper des Adepten ersetzen sollte. „Innere Alchemie“ ist bis auf den heutigen Tag ein bestimmendes Merkmal taoistischer Praxis geblieben.

Allen diesen Praktiken liegt die Annahme zugrunde, es gäbe eine Beziehung zwischen dem körperlichen Mikrokosmos und dem Makrokosmos. Der Adept muss den uranfänglichen Atem identifizieren und bewahren, der dem lebensspendenden undifferenzierten Tao am Beginn der Schöpfung entspricht. Die Arbeit des Adepten besteht darin, die vitalen körperlichen Essenzen wie Atem, Lebenskraft und Geist bei sich zu behalten und ihre allmähliche Entleerung, an deren Ende der Tod steht, zu verhindern. Viele Praktiken beinhalten die Umkehrung der Strömungsrichtung der Körperflüssigkeiten durch Vergegenwärtigung, die zu einer Umkehrung der Folgen der Zeit führt.

Bei den Meditations- und Vergegenwärtigungsübungen konzentriert man sich auf das Tao und die mächtigen

Götter, die Himmel und Erde bewohnen. Atemübungen zielen auf die Realisierung von „embryonaler“ Atmung; sie ist so langsam und flach, dass eine Feder, die auf die Nase des Adepten gelegt wird, regungslos verharrt. Die Reinigung von Atem und Körper wird durch eine besondere Diät erweitert: Sie kann das Zusichnehmen von Nahrung einschließen, die angeblich ein langes Leben verleiht (bestimmte Pilze, Kiefernsamen und -harz), ebenso wie das Meiden solcher Nahrung, die die übelwollenden und zerstörerischen Geister im Körper nährt (besonders Getreideprodukte). Das Ziel der Sexualtechniken ist es, den Orgasmus zu kontrollieren, der als Ursache für eine verheerende Entleerung der Lebensessenzen gilt, und von den Yin- und Yang-Essenzen des Partners zu profitieren. Leibesübungen wie *ch'i-kung* oder *t'ai-chi ch'üan* bewahren die Essenzen und eine Zirkulation, die für Stärke und Wohlbefinden sorgt.

Diese Praktiken und ihre Wirkungen sind weitgehend physiologischer Natur. Es wird allerdings als gegeben vorausgesetzt, dass sie von einem moralischen Lebenswandel begleitet werden. Unmoralische Handlungen verkürzen die Lebensspanne, da sie himmlischen Göttern wie den Drei Beamten hinterbracht werden. Sie können dazu führen, dass sich die Götter verabschieden, die sich im eigenen Körper niedergelassen haben, was den sofortigen Tod zur Folge haben kann. Zusätzlich zu einer moralischen Lebensführung benötigen Adepten einen kundigen Meister, der sie in die geheimen Texte und mündlichen Unterweisungen einführen kann, die die esoterischen schriftlichen Formeln ergänzen. Diejenigen, die willens und in der Lage sind, diese harten Lehrjahre hinter sich zu bringen, steigen zu den Rängen der Unsterblichen auf, die auf Bergen und in Grotten wohnen, zwischen den Sternen hin- und herfliegen und in vollkommener Gelassenheit über die Erde wandern.

Wenige haben die Willenskraft, zu Unsterblichen zu werden, und noch geringer ist die Anzahl derer, die den Tod furchtlos annehmen. Die frühesten taoistischen Texte und besonders die Geschichten von Chuang-tzu (s. S. 34) zeichnen sich durch eine ganz besondere Haltung gegenüber dem Tod und dem Leben nach dem Tod aus. Chuang-tzu erwägt die Möglichkeit, wir könnten den Tod dem Leben vorziehen und hält es für unser Schicksal, inmitten des Stroms, der uns werden ließ, nur den Prozess der Gerinnung und Verflüchtigung des *ch'i* fortdauern zu lassen. So sind Leben und Tod nur einander abwechselnde Teile eines Kreises und somit weder zu erstreben noch zu fürchten. Einige der bewegendsten und denkwürdigsten Stellen im Werk von Chuang-tzu rühmen in dieser Weise den Tod; er staunt über die schöpferischen Möglichkeiten der Verwandlung im Leben und im Tod, während wir im „größten aller Häuser" wohnen, dem Universum, das der Struktur des Tao folgt.

Geheimnisse der Unsterblichkeit

„Du musst dieses (...) Geheimnis vollkommen verstehen (...)
Sei sparsam mit deinen Lebenskräften und kultiviere sie (...)
Alles ist aus Samen, Atem und Geist zusammengesetzt,
sei vorsichtig; bringe sie in Sicherheit, verhindere jeden
Abfluss.

Verhindere jeden Abfluss, behalte sie im Körper,
nimm meine Lehren an, und der Weg wird erblühen (...)
Sie beseitigen böses Verlangen und führen zu Reinheit.

Sie führen zu Reinheit, hell und glänzend,
du kannst vor das Angesicht der Zinnober-Plattform
treten und den hellen Mond genießen.
Der Mond hält das Jade-Kaninchen, die Sonne den Raben,
von dort auch die Schildkröte und die Schlange,
zusammengeringelt.

Zusammengeringelt sind die Lebenskräfte stark.
Du kannst den goldenen Lotus mitten ins Feuer pflanzen.
Sammle die Fünf Phasen, kehre sie um, um sie zu gebrauchen.
Wenn diese Arbeit vollbracht ist, kannst du ein Buddha oder
ein Unsterblicher sein, wenn du willst.“

Aus: *Hsi-yu chi (Die Reise nach dem Westen)*, von Wu Ch'eng-en, Taipei 1988, S. 13, nach der Übersetzung von Jennifer Oldstone-Moore

Kommentar

Diese Textpassage stammt aus *Die Reise nach dem Westen*, einem sehr unterhaltsamen Roman, den Wu Cheng-en 1592 schrieb und der heute noch in China gelesen wird. Er erzählt von der Reise eines buddhistischen Mönchs und seiner vier Schüler nach Indien. Diese volkstümliche Erzählung kann auch als Allegorie der taoistischen Unsterblichkeit, buddhistischer Aufklärung und konfuzianischer Geistesbildung gelesen werden (die alle am Ende erreicht werden). Der Text ist über weite Strecken überladen mit Symbolen, spielt im Körper eines Adepten und enthält durchgängig versteckte Anspielungen auf taoistische Praktiken. Die Geschichte zeigt, auf welche Weise die drei Lehren Taoismus, Buddhismus und Konfuzianismus alle zugleich angenommen werden.

Das Textbeispiel steht im Zusammenhang mit der taoistischen Initiation eines der Hauptfiguren des Romans, der von einem taoistischen Patriarchen für würdig befunden wurde, seine geheimen Lehren zu empfangen. Die Verse enthalten zahlreiche alchemistische Bezüge: das Bewahren und Reinigen von Körperflüssigkeiten, Schlange und Schildkröte als taoistische Symbole von Yin und Yang; und die Umkehrung der Fünf Phasen (s. S. 64) zur Umkehrung der Zeit, ein Hinweis auf den Weg, der schließlich zur Überwindung des Todes und zur Unsterblichkeit führt.

KAPITEL NEUN

RELIGION UND GESELLSCHAFT

Der Taoismus hatte einen tief greifenden Einfluss auf die chinesische Kultur; auch die Betonung des Weiblichen in einer ansonsten männlich dominierten Gesellschaft ist seinen Einflüssen zu verdanken. In den Schönen Künsten selbst zeigen sich die Ideale der Spontaneität, der Achtung der Natur und des Rückzugs von der Welt.

Taoistische Praktiken wurden auf den höchsten Ebenen in die Gesellschaft integriert, wo sie die Herrschenden beeinflussten, den Kontakt mit der Geisterwelt kontrollierten und wichtige Rituale zur Verfügung stellten. Die riesige Sammlung von Schriften und der hervorragend ausgebildete Klerus unterscheiden den Taoismus von der Volksüberlieferung, aber die enge Verbindung beider manifestiert sich in den Gemeinschaftstempeln: Dort wird offenbar, welche Wirkung der Taoismus auch auf das einfache Volk hat.

LINKS: Eine Betende mit Räucherstäbchen aus Weihrauch. Dabei handelt es sich um eine aromatische Opfergabe und ein Symbol der Drei Ersten Lebenskräfte (Atem, Mark und Geist), das die Götter zum Altar locken soll.

Trotz des Mystizismus, der ihm innewohnt, ist das *Tao Te Ching* eine Abhandlung über die Kunst des Regierens. Der ideale Herrscher, den dieses Werk porträtiert, bleibt so sehr im Hintergrund und ist so unauffällig, dass seine Untertanen nicht einmal bemerken, dass sie regiert werden. Seine staatsmännische Kunst beseitigt die Unterscheidungen, die zu Neid und Unzufriedenheit führen könnten, sodass das Volk ohne überflüssige Begierden ist. Obschon dieser taoistische Idealstaat zu keiner Zeit Wirklichkeit geworden ist, zeigte sich der politische Einfluss des Taoismus bereits mehrmals in verschiedener Weise.

Der Taoismus wurde am Ende des 2. Jh. n. u. Z. zur Grundlage einer theokratischen Staatsform, was als Umsetzung des Testaments von „Herrn Lao" (Lao-tzu) angesehen wurde. Im 3. Jh. führten die Himmlischen Meister die Beichte und Absolution durch taoistische Götter ein. Der im Gebiet des heutigen Szechwan gegründete neue Staat wurde in 24 Bezirke eingeteilt: Jeden von ihnen beaufsichtigte ein taoistischer Prister. Jeder stand im Schutz der Götter und geistigen Wesen, die dem Priester gehorchten. Als autonome Macht hatte die Regierung der Himmlischen Meister keinen Bestand. Indem sie die zivile Autorität an einen politischen Führer abtrat, wurde aber dennoch ein Präzedenzfall geschaffen, in dem führende Taoisten zur Quelle der Legitimät für Könige und Kaiser wurden, die sich ihre Herrschaft durch Lao-tzu sanktionieren ließen. Die staatliche Förderung schloss im Übrigen häufig die Errichtung neuer Tempel ein, was nicht nur zur Verbreitung des Taoismus, sondern auch zur Förderung des kaiserlichen Prestiges beitrug.

Die Überlieferung enthielt seit den Anfängen des organisierten Taoismus Elemente messianischer und millenaristischer Erwartungen – was den Status quo bedrohte und den Argwohn auf Seiten der Regierung schürte. Taoistische Bilder und Ideen wurden in verschiedenen Rebellionen verwendet. Dazu zählte eine Reihe von Revolten, die mit der Person des Li Hung verknüpft waren. Dieser zettelte im 4. Jh. einen Aufstand an, bei dem er sich auf eine Prophezeiung stützte, die ihm seines Nachnamens wegen den Königsthron versprach: Li wurde für eine Erscheinungsform von Lao-tzu gehalten, und manche sahen das Goldene Zeitalter voraus, das er heraufführen würde.

Das Verhältnis des Taoismus zur gegenwärtigen Regierung der Volksrepublik China ist ambivalent; offiziell anerkannt wird nur der klösterliche Taoismus der Schule der Völligen Vollkommenheit. Anderen taoistischen Praktiken, die als „abergläubisch" abqualifiziert werden, tritt man mit Nachdruck entgegen.

Lange Zeit wurde die taoistische Überlieferung auch mit den Heilkünsten in Verbindung gebracht. Ziele und

Orthodoxe taoistische Priester bei einem Fest auf Taiwan. Kostüme und Schriften werden vom Vater auf den Sohn vererbt.

Methoden der traditionellen chinesischen Heilkunst und des Taoismus weisen Überschneidungen auf, denn die chinesische Medizin konzentriert sich auf die gesunde Zirkulation des *ch'i*, das Gleichgewicht von Yin und Yang und die Verwendung verschiedener Substanzen zur Ernährung. Diese Theorien sind auch Bestandteil der taoistischen Suche nach Unsterblichkeit. Die taoistische Alchemie ist als eine Vorform von Wissenschaft beschrieben worden und Versuche der Alchemisten, das „Elixier der Unsterblichkeit" herzustellen (s. S. 90), führten zu anderen bemerkenswerten Entdeckungen – und zur Erfindung des Schießpulvers.

Andere taoistische Heilverfahren zeigen die Rolle des taoistischen Priesters als Herrn über Geister. Dazu gehört das Glaubensheilen, das durch die Beichte der Sünden und die Erlangung der Vergebung der himmlischen Verwalter von Leben und Tod erfolgt. Auch die Anfertigung von Talismanen dient therapeutischen Zwecken. Gleiches gilt für körperbezogene Praktiken wie *ch'i-kung* und *t'ai-chi ch'üan*, die in Beziehung zu den Kriegskünsten stehen. Die dabei zu übende Konzentration und Aufmerksamkeit dienen der Bewahrung und Stärkung des *ch'i* – und damit der Ausbildung von körperlicher Stärke. Bekannte taoistische Schulen der Kriegskünste sind Shao-lin und Wu-tang.

Der Taoismus hatte enormen Einfluss auf die Schönen Künste. In chinesischen Gemälden ist der naturalistische Mystizismus eines Lao-tzu, Chuang-tzu oder Huai-nan-tzu unübersehbar. Viele berühmte Landschaftsmaler der Sung- und Yüan-Dynastien wie Fan K'uan waren Einsiedler und Exzentriker von taoistischem Zuschnitt. Seine berühmten Landschaften demonstrieren taoistische Vorstellungen von der nur relativen Bedeutung des Menschen für die Natur. Die am weitesten verbreitete grafische Kunst in China ist die Kalligrafie. Sie ist eng mit dem taoistischen Ideal der Spontaneität verknüpft. Kalligrafen müssen bei der Ausübung ihrer Kunst vollkommen kontrolliert und spontan zugleich sein.

In der chinesischen Dichtung begegnen den Lesern häufig Themen wie die Sehnsucht nach dem Rückzug aus der Gesellschaft und die Liebe zu Natur, Wein und Geselligkeit. Viele Dichter sind für ihre Freiheit von gesellschaftlichen Konventionen und ihre Naturliebe bekannt. Der berühmteste von ihnen, der solche unabhängigen Züge zeigt, ist Li Po. Er soll ertrunken sein, als er versuchte, die Spiegelung des Mondlichts in einem See zu umarmen.

Taoistische Praktiken sind immer noch bedeutend für chinesische Bestattungszeremonien. Der Priester führt bei dieser Gelegenheit erneut das kosmische Drama von Rettung und Erlösung der Seelen der Verstorbenen auf, die vor dem Höllengericht stehen. Viele Ausdrucksformen des chinesischen Theaters gehen auf taoistische Rituale zurück. Oft enthalten die auf der Bühne dargestellten Geschichten taoistische Elemente. Schauspieler, die bestimmte Gottheiten spielen, unterziehen sich vor dem Auftritt Reinigungsritualen und bleiben abstinent, ganz ähnlich wie Priester, bevor sie ihre Rituale zelebrieren.

Obwohl Taoismus und Buddhismus häufig als feindliche Rivalen erscheinen, war es doch der Taoismus, der dem Buddhismus die Akkulturalisation in Ostasien ermöglichte, als er sich zu Beginn der christlichen Zeitrechnung von Indien aus über die Seidenstraße in China verbreitete. Er wurde zunächst für eine ausländische Version des Taoismus gehalten und man übersetzte seine Vorstellungen (irrtümlich) in taoistische Terminologie. Dies ermöglichte ihm jedoch die Anpassung an den radikal anderen chinesischen Kontext. Allmählich gewannen die Übersetzer an Kenntnissen und der Buddhismus entwickelte spezifisch chinesische Formen. Das beste Beispiel dafür ist die Ch'an-Schule (Zen), die als „Ehe" zwischen Buddhismus und Taoismus beschrieben wurde.

Eine Abweichung von der Tradition stellte die taoistische Betonung des Weiblichen dar, auch wenn sie die patriarchalischen Grundlagen der Gesellschaft nicht erschütterte. Taoistische Klöster boten Nonnen eine Alternative zum Leben als Ehefrau und Mutter. Zu ihnen gehörten Frauen, denen ein ungünstiges Horoskop die Heirat unmöglich gemacht hatte, oder die verwitwet oder geschieden waren. Während der T'ang-Dynastie konnten Frauen aus der Aristokratie zu Priesterinnen geweiht werden. Frauen waren oft Mittlerinnen im Umgang mit den Göttern und wurden in der Regierung der Himmlischen Meister mit der Verrichtung der Trankopfer betraut. Von weiblichen Adepten vermutete man, die innere Alchemie und die Schöpfung eines „Embryos der Unsterblichkeit" (s. S. 91) müsse ihnen leichter fallen, da sie die Voraussetzungen für Empfängnis und Austragung schon mitbrächten. In manchen Texten werden den männlichen Adepten zur Erlangung des Tao Vorbilder weiblichen Verhaltens gegeben.

Tao und künstlerische Schöpfung

Es sollte dem menschlichen Geist (...) möglich sein, mit Pinsel und Tusche den Geist des Universums ohne Schwierigkeiten auszudrücken. Zeichnen ist nur eine Kunst, aber es hat die Macht zur Schöpfung des Universums selbst (...) Wenn der Künstler bereit für den Anfang einer Tuschezeichnung ist, kann sein Geist nur die allgemeine Form der Komposition planen. Wenn dann aber die Tusche auf das Papier tropft, bildet sie, vom Geist des Künstlers gelenkt, Abertausend Formen aus, die ganz jenseits des ursprünglichen Plans liegen (...) Wenn der Künstler darauf beharrt, das zu tun, was er auch gestern getan hat, wird er nichts zu Stande bringen. Warum? Weil er, wenn er auf etwas beharrt, bereits den freien Fluss des Geistes eindämmt (...) Ein Gelehrter, der mit Tusche arbeitet, beginnt, indem er an nichts denkt. Aber sobald sein Geist anfängt, den Pinsel zu bewegen, präsentieren sich die Gestalten der Gegenstände von selbst auf dem Papier. Das ist Sache eines Augenblicks, vollkommen unerwartet und schwer in Worte zu fassen. Nach einem kurzen Moment erscheinen Tiefen und Höhen, alle vom Pinsel gut ausgedrückt, auch die Anordnung der verschiedenen Gegenstände ist vollkommen und sogar besser als die Vorlage. Das liegt daran, dass darin die große Idee (des Universums) zum Ausdruck kommt.

Aus: *Chieh-chou Hsüeh Hua P'ien* (Die Kunst der Malerei), von Shen Tsung-ch'ien, nach der Übersetzung von Lin Yutang, in: *The Chinese Theory of Art*, New York 1967, S. 204

Kommentar

Taoistische Vorstellungen, fester Bestandteil chinesischen Kunstverständnisses, übten maßgeblichen Einfluss auf die künstlerischen Traditionen Ostasiens aus. Insbesondere das taoistische Ideal künstlerischer Spontaneität trug dazu bei, dass Theorie und Praxis in unterschiedlichen Kunstformen Gestalt annahmen. Kreative Spontaneität beruht auf der Fähigkeit, im Rückgriff auf persönliche Ressourcen den künstlerischen Forderungen des Augenblicks zu genügen. Über alle handwerklichen Aspekte hinaus erfordert die künstlerische Tätigkeit das Vermögen, Kenntnisse gleichermaßen experimentell und intuitiv nutzen zu können, um Neues hervorzubringen. Ebenso verhält es sich mit dem Tao, das aus dem Grenzen- und Gestaltlosen schöpft und Abertausendfache Schöpfungen hervorbringt.

Die Worte von Shen Tsun-ch'ien drücken die grundlegende taoistische Haltung zur Theorie des Zeichnens aus. Die künstlerische Tätigkeit wird wesentlich als Schöpfungsakt begriffen, da sie ihren Beginn in der Gestaltlosigkeit des Tao hat und diese in Schöpfung umwandelt. Der Künstler erschafft einen Mikrokosmos, indem er den Pinsel nicht zwingt; er überlegt nicht, sondern agiert mit wacher Empfindung im Augenblick. Auf diese Weise wird die künstlerische Tätigkeit zu einer Form der Meditation und ist ein Mittel zur Entdeckung der Einheit mit dem Tao.

TRANSKRIPTION

Vier der zehn großen Dialekte in China bilden das Mandarin, die offizielle Hochsprache. Im 19. Jh. war es die Grundlage für die als Wade-Giles bekannte Umschrift chinesischer Schriftzeichen. Dieses System wurde in der Volksrepublik China durch eine vereinfachte Transkription ersetzt, bei der durch eine phonetische Umschrift des Pekingdialekts lateinische Buchstaben die Schriftzeichen wiedergeben (Pinyin). Dieses Buch folgt Wade-Giles, die unten stehende Liste bietet die wichtigsten Begriffe in Pinyin.

Personen und Gottheiten

Ch'ang-o / Chang E
Ch'iu Ch'ang-ch'un / Qiu Changchun
Ch'ü Yüan / Qu Yuan
Chang Lu / Zhang Lu
Chang Tao-ling / Zhang Daoling
Chen-wu / Zhenwu
Chuang-tzu / Zhuangzi
Chung-li Ch'üan / Zhongli Quan
Fan K'uan / Fan Kuan
Fu-hsing / Fuxing
Hsi Wang Mu / Xiwang mu
Huang-ti / Huangdi
Hun-tun / Hundun
K'ou Ch'ien-chih / Kou Qianzhi
Ko Hung / Ge Hong
Kuan-ti / Guandi
Kuan-yin / Guanyin
Lao-tzu / Laozi
Lieh-tzu / Liezi
Li Hung / Li Hong
Li Po / Li Bo
Lü Tung-pin / Lu Dongbin
Lu-hsing / Luxing
Ma-tzu / Mazu
Pi-hsia yüan-chün / Bixia yuanjun
San Kuan / San Guan
Shou-hsing / Shouxing
T'ai-i / Taiyi
T'ai-shang Lao-chün / Taishang Laojun
Tu Kuang-t'ing / Du Guangting
Wang Che / Wang Zhe
Wu Ch'eng-en / Wu Chengen
Yang Hsi / Yang Xi

Orte

Peking / Beijing
Kuo-tien / Guodian
K'un-lun / Kunlun
Lung-hu Shan/ Longhu Shan
Ma-wang-tui / Mawangdui
P'eng-lai / Penglai
T'ai Shan / Tai Shan
Tun-huang / Dunhuang

Texte

Chuang-tzu / Zhuangzi
Han Wu-ti nei-chuan / Han Wudi neizhuan
Hsiang-erh / Xiang'er
Hua-hu ching / Huahu jing
Huai-nan-tzu / Huainanzi
I Ching / Yijing
Lieh-tzu / Liezi
Pao-p'u tzu / Bao Puzi
T'ai-p'ing ching / Taiping jing
Tao Te Ching / Daode Jing
Tao-tsang / Daozang
Wen-hsüan / Wenxuan

Ereignisse und Praktiken

ch'ing-ming / qingming
chiao / jiao
chia-tzu / jiazi
ch'i-kung / qigong
feng-shui
t'ai-chi ch'üan / taiji quan

Schulen, Sekten und Bewegungen

Ch'an / Chan
Ch'üan-chen / Quanzhen
Cheng-i / Zhengyi
Ling-pao / Lingbao
San-huang / Sanhuang
Shang-ch'ing / Shangqing

BIBLIOGRAFIE

Baldrain, Farzeen; Lagerwey, John; Magee Boltz, Judith; Barrett, T. H.: „Taoism“, in *The Encyclopedia of Religion* (hrsg. Mircea Eliade), Bd. 14., S. 288–332, New York: Macmillan, 1987

Chan, Wing-tsit: *A Source Book in Chinese Philosophy*, Princeton: Princeton University Press, 1963

De Bary, William Theodore u. a.: *Sources of Chinese Tradition*, Bd. 1 und 2, 2. Aufl., New York: Columbia University Press, 1999

Graham, A.C: *Chuang-tzu: The Inner Chapters*, London: Allen & Unwin, 1981

ders.: *Disputers of the Tao*, LaSalle, Illinois: Open Court Publishing Company, 1989

Jordan, David: *Gods, Ghosts, and Ancestors: The Folk Religion of a Taiwanese Village*, Berkeley: University of California Press, 1972

Kohn, Livia (Hg.): *The Daoist Handbook*, Leiden: Brill, 2000

ders.: *The Taoist Experience*, Albany: State University of New York Press, 1993

Laotse: *Tao Te King. Das Buch vom Sinn und Leben*, überragen und kommentiert von Richard Wilhelm, München: Diederichs, 2004

Lau, D.C.; Ames, Roger T.: *Yuan Dao. Tracing Dao to its Source*, New York: Ballantine Books, 1998

Maspero, Henri: *Taoism and Chinese Religion*, übers. v. Frank A. Kerman, Jr., Amherst: University of Massachusetts Press, 1981

Overmyer, Daniel L: *Religions of China. The World as a Living System*, San Francisco: Harper & Row, 1986

Overmyer, Daniel L.; Cohen, Alvin P; Girardot, N.J.; Wing-tsit Chan: „Chinese Religions“, in *The Encyclopedia of Religion* (hrsg. v. Mircea Eliade), Bd. 3., S. 257–323, New York: Macmillan, 1987

Paper, Jordan; Thompson, Laurence: *The Chinese Way in Religion*, 2. Aufl. Belmont (Kalifornien): Wadsworth, 1998

Pas, Julien: *Historical Dictionary of Taoism*, Lanham (Maryland): The Scarecrow Press, Inc., 1998

Robinet, Isabelle: *Taoism. Growth of a Religion*, übersetzt von Phyllis Brooks, Palo Alto (Kalifornien): Stanford University Press, 1997

Saso, Michael: *Blue Dragon, White Tiger: Taoist Rites of Passage*, Washington D.C.: The Taoist Center, 1990

Seven Taoist Masters: übers. v. Eva Wong, Boston: Shambhala Press, 1990

Stepanchuk, Carol; Wong, Charles: *Mooncakes and Hungry Ghosts. Festivals of China*, San Francisco: China Books and Periodicals, 1991

Thompson, Laurence: *Chinese Religion. An Introduction*. 5. Aufl., Belmont (Kalifornien): Wadsworth, 1998

Welch, Holmes: *Tao. The Parting of the Way*, Boston: Beacon Press, 1966

Wu, Ch'eng-en: *Monkey*, übers. v. Arthur Waley, New York: Grove Press, 1943

Wilhelm, Richard (Hg.): *I Ging*, übers. v. Richard Wilhelm, 26. Aufl., München: Diederichs, 2001

REGISTER

A

B

C

D

E

F

DANKSAGUNG UND BILDNACHWEIS

Für den Abdruck der folgenden Textauszüge danken wir:

Heilige Orte, S.70: aus *Hsing-shih yin-yuan chuan* von Hsi Chou Sheng, übers. v. Glen Dudbridge, in: Susan Naquin und Chün-fang Yü (Hg.): *Pilgrims and Sacred Sites in China*, Berkeley: University of California Press, 1992, S.46

Feste und Heilige Zeiten, S.82: Das erste Zitat stammt aus *Heart-Mirror of Mnemonics and Explanations from Writings on the Elixir*, übers. v. Nathan Sivin, in: N. Sivin: „Chinese Alchemy and the Manipulation of Time", in: N. Sivin (Hg.): *Science and Technology in East Asia*, New York: Science History Publications, 1977, S.112

Das zweite Zitat stammt aus *Arcane Teachings on the Ninefold Cyclically Transformed Gold Elixir*, übers. v. Nathan Sivin, in: N. Sivin: „Chinese Alchemy and the Manipulation of Time", in: N. Sivin (Hg.): *Science and Technology in East Asia*, New York: Science History Publications, 1977, S.115

Religion und Gesellschaft, S.104: aus *Chieh-chou Hsüeh Hua P'ien* von Shen Tsung-ch'ien, übers. v. Lin Yutang, in: *The Chinese Theory of Art*, New York: G.P. Putnam's Sons, 1967, S.204

Der Verlag dankt den folgenden Personen, Museen und Archiven für die erteilten Reproduktionsgenehmigungen:

Seite 2 Magnum Photos/Fred Mayer; 7 Bridgeman Art Library, London/Oriental Museum, Durham University; 12 Art Archive, London/British Museum, London; 18 Bridgeman Art Library, London/Oriental Museum, Durham University; 22 Réunion des Musées Nationaux/Musée Guimet, Paris/Thierry Ollivier; 26 British Museum, London; 32 Nelson-Atkins Museum of Art, Kansas City. Purchase Nelson Trust #48–17/Robert Newcombe; 37 AKG London/Bibliothèque Nationale, Paris; 42 Corbis/Lindsay Hebberd; 47 Bridgeman Art Library, London/Oriental Museum, Durham University; 52 Getty Images/Stone/Paul Harris; 58 Bridgeman Art Library, London/Oriental Museum, Durham University; 62 Werner Forman Archive, London; 66 Getty Images/Stone/ Keren Su; 72 Panos Pictures, London/Jean Leo Dugast; 77 British Library, London; 84 Art Archive, London/British Library, London; 89 Corbis/Michael Yamashita; 96 Corbis/Carl & Ann Purcell; 100 Magnum Photos/Fred Mayer